SHUZI HUOBI DE
FALÜ GUIZHI YANJIU

数字货币的法律规制研究

季伟明 著

法律出版社
LAW PRESS·CHINA
北京

图书在版编目（CIP）数据

数字货币的法律规制研究 / 季伟明著. -- 北京：法律出版社, 2025. -- ISBN 978 - 7 - 5244 - 0333 - 3

Ⅰ. D922.285.4

中国国家版本馆 CIP 数据核字第 20259UQ922 号

数字货币的法律规制研究　　　　　　季伟明 著　　　　责任编辑 曲　杰
SHUZI HUOBI DE FALÜ GUIZHI YANJIU　　　　　　　　　　　　装帧设计 贾丹丹

出版发行 法律出版社	开本 A5
编辑统筹 学术·对外出版分社	印张 5.625　　字数 119 千
责任校对 裴　黎	版本 2025 年 1 月第 1 版
责任印制 胡晓雅　宋万春	印次 2025 年 1 月第 1 次印刷
经　　销 新华书店	印刷 北京建宏印刷有限公司

地址：北京市丰台区莲花池西里 7 号（100073）

网址：www.lawpress.com.cn　　　　　　销售电话：010 - 83938349

投稿邮箱：info@lawpress.com.cn　　　　客服电话：010 - 83938350

举报盗版邮箱：jbwq@lawpress.com.cn　　咨询电话：010 - 63939796

版权所有·侵权必究

书　号：ISBN 978 - 7 - 5244 - 0333 - 3　　　定价：69.00 元

凡购买本社图书，如有印装错误，我社负责退换。电话：010 - 83938349

目录

一、数字货币法律规制的必要性 /1
（一）数字货币相关热点案件 /1
（二）数字货币发展中面临的风险 /10
（三）数字货币法律规制的前提条件 /15

二、数字货币法律规制的理论基础 /45
（一）经济学基础 /45
（二）政治学基础 /50
（三）密码学与计算机学基础 /55
（四）法学基础 /73

三、数字货币法律规制的逻辑路径 /77
（一）数字货币的法律属性 /77

（二）数字货币的发行 /83

　　（三）数字货币的流通 /90

　　（四）数字货币的监管 /95

四、数字货币法律规制的域外借鉴 /107

　　（一）建立数字货币客户尽职调查制度 /110

　　（二）建立数字货币交易报告制度 /119

　　（三）构建投资者教育保护机制 /124

五、数字货币法律规制的体系构建 /137

　　（一）法律规制原则 /137

　　（二）规制模式构建 /146

　　（三）法律责任配置 /160

参考文献 /172

一、数字货币法律规制的必要性

(一)数字货币相关热点案件

在数字经济时代背景下,物联网、云计算、人工智能等新型信息技术的深度交叉融合,亟待以崭新的思维和面貌迎接数字经济时代的发展。近几年,国家持续推进数字经济进程,数字经济在我国的战略地位不断提升。2022年国务院印发《"十四五"数字经济发展规划》,国家发改委等四部门联合印发通知,同意在京津冀、长三角、粤港澳大湾区等8地启动建设国家算力枢纽节点,并规划了10个国家数据中心集群。"东数西算"的运转,是在全国一体化大数据中心体系总体布局设计完成的背景下实现的。数字经济的飞速发展,重点工程的加快实施,数字化转型试点的开展,成为连接数字经济和实体经济的纽带,两者的紧密结合,有利于打造本土化数字产业集群,使其具有国际竞争力。加快数据元框架研发,使实体经济兼具活力与效率;数据的流通,形成开放包容的经济发展环境,促进平台经济良性发展。

数字货币是数字经济时代的重要标志。国家陆续出台了多项政策,鼓励数字货币行业发展与创新。中国数字货币行业受到国家产业政策的重点支持和政府的高度重视。《金融标准化"十四五"发展规划》《关于进一步防范和处置虚拟货币交易炒作风险的通知》等产业政策为数字货币行业的发展提供了广阔的市场前景,为企业提供了良好的营商环境。国家相继出台的一系列政策,旨在激发数字经济活力,推进数字生态建设,营造清朗空间,为数字货币高质量发展提供有力保障和支撑。因此,数字货币的法律规制,亦是推动法治建设进程的必要环节,是在数字经济时代背景下,推动国家治理体系和治理能力现代化的必然结果。

数字货币作为一种新生事物走入人们的生活,暴涨、暴跌是数字货币的常态现象。比特币作为数字货币其中的一种,涨跌幅度洞心骇耳。尽管涨幅如此不定,仍有很多人愿意投资数字货币,司法实践中也出现了大量的涉及数字货币的民商事纠纷案件。

1. 数字货币挖矿的矿机买卖合同效力问题

数字货币是虚拟货币的一种。虚拟货币是使用数字化手段拟造、具有货币特质的数据代码组合。它是形式上的数字化货币,并借助复杂的区块链技术实现去中心化的结构设计,将在较长时间内保持一定的价值。数字货币是非真实的货币,具有一定的价值,通过互联网平台进行交易和实体货币兑换。获取区块链数字货币最原始的方法就是通过矿机"挖矿",《关于整治虚拟货币"挖矿"活动的通知》《关于进一步防范和处置虚拟货币交易炒作风险的通知》等文件（以下简称"924"通知）发布并实施以来，境内数字货币挖矿活动有序清退，但虚拟货币相关交易现实存在，也因此导致了大量的"矿机"买卖合同纠纷。

订立矿机买卖合同的主要目的是将矿机用于数字货币挖矿，以获得比特币（BTC）、以太币（ETH）等数字货币，而"挖矿"活动消耗大量的电力能源且没有产生直接的经济效益，这与国家"碳达峰""碳中和"的方针政策相左。此外，利用数字货币"挖矿"活动侵害公民财产的案件屡禁不止。"924"通知既具有响应执行国家政策的目的又具有保护公民财产的目的。结合相关法律法规，"矿机"买卖合同的效力问题，司法实践中存在分歧。

（1）矿机买卖合同因违背公序良俗无效

根据《民法典》第153条第2款的规定"违背公序良俗的民事法律行为无效"，司法实践中扩大了《民法典》第153条第2款规定的适用情形，将公序良俗作为兜底条款认定矿机买卖合同无效，如"代某、成都某网络科技有限公司物权保护纠纷案[民事判决书（2022）川7101民初738号]"。原告代某与被告某公司于2021年6月就矿机（含算力）的购买进行磋商，后双方达成协议，协议的主要内容为代某将购买矿机的款项40,000元及电费950元支付给某公司，某公司协助代某通过"以太坊"平台[在该平台交易的虚拟货币为以太币（ETH）]挖矿并帮代某管理虚拟货币，双方在微信中还对收益分配等具体事宜进行了确认。后原告想终止投资挖矿事宜，但被告拒绝沟通。本案中，主要争议焦点为原告请求法院确认原被告之间有关矿机(含算力)买卖及委托挖矿的合同是否有效。法院认为,根据《民法典》第8条规定,民事主体从事民事活动,不得违反法律,不得违背公序良俗。2021年9月3日,国家发展改革委等部门发布《关于整治虚拟货币"挖矿"活动的通知》(发改运行〔2021〕1283号),通知载明,虚拟货币"挖矿"是通过专用的"矿机"计算生产虚拟货币的过程,其耗能大、耗碳多,对一国经济贡献小,对产业发展和技术进步影响不大,同时,虚拟货币在生产和交易环节中的风险日益凸显。其盲目无序发展将对促进经济社会高质量发展、节能降耗和污染减排产生负面影响。"虚拟货币'挖矿'活动"电力能源消耗巨大,本质上属于追求虚拟商品收益的风险投资活动,属于国家淘汰类落后生产工艺装备,属于行政法规禁止投资的淘汰类产业。"虚拟货币'挖矿'"相关业务活动属于非法金融活动,威胁国家金融安全、社会稳定衍生风险突出,已经成为一种投机性工具。本案中,原被告双方达成的"挖矿"协议违反法律、行政法规的强制性规定,违背公序良俗,应当认定合同无效。

(2)因法律法规尚未将其明确列为禁止交易的物品,矿机买卖合同视为有效

"矿机"属于正常的商品,法院在认定其交易属性时并未将其作为非法交易进行处理,在挖矿机买卖纠纷中,大多数法院都采取相同的裁判思路,即将矿机作为普通商品的种类之一,并未禁止其交易,因此,对于买卖矿机产生的纠纷按照一般的货物买卖纠纷进行处理,也符合我国现行法律框架中审理有关数字货币类案件的要求。目前,现行有效的法律法规中没有将其矿机明确列

为禁止交易的物品,也未禁止个人之间正常交易流转虚拟货币矿机,不应直接适用《民法典》第153条第2款的规定直接认定矿机买卖合同无效,矿机买卖合同无法定的无效事由应确认为合法有效。如"邓某、程某买卖合同纠纷案[民事判决书(2021)川0682民初3356号]"。原告邓某从事电子产品经销业务,邓某告向程某购买A10pro.5G"矿机"4台,并支付货款;程某告其未按约定型号发货,约定型号"矿机"与发货型号"矿机"价格相差巨大,邓某向法院起诉程某解除买卖合同并返还货款本金及资金占用利息等。本案争议焦点之一是原告与被告之间的买卖合同效力问题。关于合同效力问题,法院认为,案涉"矿机"主要用于虚拟商品比特币"挖矿"活动(通过专用"矿机"计算生产虚拟货币的过程)。当事人之间所形成的买卖合同关系,发生在国家发展和改革委员会等部门2021年9月3日下发的《关于整治虚拟货币"挖矿"活动的通知》[发改运行(2021)1283号]之后,按照该通知和国务院《促进产业结构调整暂行规定》等行政法规的精神,已将前述"挖矿"活动列为淘汰类产业范围,符合《民法典》的"绿色原则"。案涉标的物为"矿机",属于较为特殊的商品,目前法律法规尚未将其明确列为禁止交易的物品,故法院认为,本案买卖合同关系现应确认为合法有效。当事人应当按照约定全面履行自己的义务。

这两种截然不同的裁判结果,表明在司法实践中司法机关对于数字货币挖矿的矿机买卖合同效力问题的不同态度。

2.数字货币投资的委托服务合同纠纷

在民事法律关系中,委托合同,是指受托人以委托人的名义和费用为委托人办理委托事务,而委托人则按约定支付报酬的协议。针对数字货币投资的委托服务合同的效力问题,仍值得商榷,如"魏某与李某委托合同纠纷案[(2021)京03民终18277号]"。原审原告李某委托原审被告魏某代购比特币,并约定:李某委托魏某代买1.5个比特币且代为管理,但李某有权随时指令魏某出售原告所拥有的比特币,魏某承诺原告的本金不受损失且如果比特币盈利,李某应向魏某支付报酬。2021年5月1日,李某要求魏某卖出比特币,但因魏某未按约定买入后持有比特币,而是进行期货交易被强制平仓,使李某损失惨重。李某认为魏某作为受托人,因其过错给本人造成的损失应予赔偿。李某遂将魏某诉至法院,要求返还本金及赔偿损失。一审法院认为:从性质上看,比特币应当是一种特定的虚拟商品。李某委托魏某买入、卖出比特币的委托合同关系,应受法律的保护。而二审法院认为因比特币不具有货币的法律地位,中国人民银行、工业和信息化部、原中国银行业监督管理委员会、中国证券监督管理委员会、原中国保险监督管理委员会联合发布的《关于防范比特币风险的通知》(银发〔2013〕289号)明确规定,比特币不具有与货币等同的法律地位,不能且不应作为货币在市场上流通使用。2017年中国人民银行等七部委联合发布《关于防范代币发行融资风险的公告》,重申了上述规定内容,进一步提出任何所谓的代币融资交易平台不得从事法定货币与代币、"虚拟货币"相互之间的兑换业务,不得买卖或作为中央对手方买卖代币或"虚拟货币",不得为代币或"虚拟货币"提供定价、信息中介等服务。2021年,中国人民银行、中央网信办、最高人民法院、最高人民检察院、工业和信息化部、公安部、市场监管总局、原银保监会、证监会、外汇局发布《关于进一步防范和处置虚拟货币交易炒作风险的通知》,明确:参与虚拟货币投资交易活动存在法律风险。任何法人、非法人组织和自然人投资虚拟货币及相关衍生品,违背公序良俗的,相关民事法律行为无效,由此引发的损失由其自行承担。本案中,当事人双方之间虽无书面合同,但根据双方微信聊天记录及付款情况,应确认双方之间形成以比特币为交易介质的委托合同关系。根据上述规范性文件的规定判断,该合同内容违背公序良俗,应确认为无效。李某投资虚拟货币而引发的损失,应由其自行承担。

从该判决结果看,关于本案中的合同效力问题,依据相关法律法规,数字货币投资委托合同无效,不受法律保护。但是,在司法实践中仍存在数字货币投资委托服务合同有效的案例,如"严某与北京某数据服务有限公司民间委托理财合同纠纷案[(2019)京0111民初21457号]"。原告严某诉请被告北京某数据服务有限公司返还比特币,法院认为"现行的法律、行政法规亦未对持有比特币予以否定,故比特币具备虚拟财产、虚拟商品的属性,应受到法律的保护"。法院认为,依法成立的合同,受法律保护。当事人应当按照约定全面履行自己的义务。严某与被告公司签订的《委托管理协议》,系双方当事人的真实意思表示,内容不违反法律、行政法规的强制性规定,应认定为合法有效。现被告未按约定给付原告相应比特币的行为,应属违约,故原告要求必易公司返还5个比特币的诉讼请求,理由正当,法院予以支持。本案中,主要是将数字货币视为网络虚拟财产,且我国法律对网络虚拟财产的保护持肯定态度,法院认为持有数字货币并不违反现行法律和政策的规定,权利主体合法持有数字货币,相关民事行为理应受到法律保护。

3. 数字货币交易中的返还原物纠纷

在数字货币交易中的返还原物纠纷案件中,核心法律事实是一方当事人向另一方当事人交付数字货币。在"借款""借币""投资"等情形下交付,后收取数字货币一方的当事人事后无法返还。这类案件诉求是"还币",核心在于数字货币是否属于民法上的"物",如"饶某、赵某还原物纠纷案[(2021)黔03民终9625号]"。本案中,饶某与赵某系朋友关系,饶某向赵某介绍并推广"以太坊"(数字货币),并使用赵某手机陆续下载BAM(赚取以太坊平台)、冷钱包(存储以太坊平台)、火币网(出售以太坊平台),饶某从自己的冷钱包转了10.2个以太坊到赵某的冷钱包里,饶某帮助赵某操作用10个以太坊购买了一台小型矿机(虚拟),并投入BAM平台挖矿。后因该BAM平台被关闭,赵某将其冷钱包里的以太坊出售。故饶某诉至法院要求赵某返还该10.2个以太坊。一审法院认为,本案案由为返还原物纠纷,饶某主张赵某返还的10.2个以太坊为虚拟商品,并不是特定物,而是种类物,饶某主张返还的物并不具备"原物"的特定属性,同时该10.2个以太坊也已被使用,故对饶某的主张不予支持。另外,2021年5月18日中国互联网金融协会联合中国银行业协会和中国支付清算协会发布了《关于防范虚拟货币交易炒作风险的公告》,交易双方应防范虚拟货币交易中的投机风险,正确认识虚拟货币的性质及与之相关的经营活动,虚拟货币是一种虚拟商品,不是货币当局发行的,不具有货币的法定性和约束力,不应也不能作为货币在市场上流通使用。消费者应增强风险意识,明确正确的投资理念,不参与虚拟货币交易和投机活动,避免个人财产和权益受损。本案二审法院认为,饶某帮助赵某操作用 10 个以太坊购买小型矿机投入 BAM 平台挖矿的行为,最终目的是在火币网等交易平台进行交易,而根据《关于防范代币发行融资风险的公告》《关于防范虚拟货币交易炒作风险的公告》规定,法定货币与虚拟货币之间、虚拟货币相互之间的兑换业务均不具有合法性,因投资虚拟货币产生的相应风险及相应后果应由投资者自行承担。且本案中,饶某主张的 10.2 个以太坊已经被使用,以太坊不由当局发行,不具有与货币等同的法律地位,也不具有种类物的属性,亦无法用法定货币进行量化,因此驳回上诉,维持一审判决。

数字货币是特殊的虚拟产品,尚不具有与货币等同的地位。《关于防范比特币风险的通知》列明禁止比特币作为货币流通使用,但对比特币作为特殊商品的即"物"的持有和使用以及流转并未禁止。如"敖某与谷某返还原物纠纷案[(2020)鄂 0102 民初 1574 号]"。原告敖某主张被告谷某返还 250 个比特币,法院认定,我国法律、行政法规未禁止比特币的持有和合法流转,原被告签署的《比特币借币协议》是双方当事人的真实意思表示,对双方当事人具有约束力,敖某要求谷某返还比特币的请求应当予以支持。

目前,比特币等虚拟货币为国家所禁止,有关数字货币的民商事纠纷案件数量与日俱增,针对数字货币完善相关法律规定迫在眉睫。今后,数字货币是否可以作为实体货币的替代或补充,是学界研究的重点课题,关于数字货币定性及数字货币合同效力等相关问题,有待于技术的发展和法律的进一步更新。

(二)数字货币发展中面临的风险

近几年,区块链、数字货币等成为科技圈和金融圈的焦点,逐渐被互联网企业和社会群体所认可和接受。2020年7月,最高人民法院和国家发展和改革委员会发布《关于为新时代加快完善社会主义市场经济体制提供司法服务和保障的意见》中强调,加强对数字货币、网络虚拟财产、数据等新型权益的保护,充分发挥司法裁判对产权保护的价值引领作用。从产权保护角度出发,数字货币被认定为一项新型权益。为推进资产数字化和促进数字经济发展,理应保护数字货币作为合法财产的所有权、占有权、支配权、使用权、收益权和处置权。数字货币不仅能促进更多的新生产业和新生职业,更有可能更新我们很多旧有的交易模式和商业模式,它或将成为移动互联网之后的又一个新的经济引擎。

数字经济时代,数字货币会催生很多可能。在数字钱包、智能合约、供应链管理、国际支付、资产数字化、资金结算、对公钱包、金融机构、金融科技、产业变革等方面均有体现。数字钱包指将信息和软件集为一体的一种端口,信息是为商家提供的钱包持有人的支付信息以及交货信息。软件则是类似于处理器,服务于信息安全处理。值得关注的是,数字钱包是存储和管理、使用数字货币的工具,即使在无网络状态下也可以交易,这在交易过程中彰显极大优势。智能合约基于计算机,是一种协议,允许在没有第三方的情况下进行可信交易,因为以数字方式进行,所以交易具有可追踪,但不可逆转的特点。其点对点支付采用了去中心化的区块链技术,区块链创造了信用传递的机制,靠这个机制可以提高全社会的运行效率。在供应链中,各级批发商之间的清算、支付,数字货币占据很大的优势,将供应链运作达到最优化。综上所述,数字货币或能弥补传统人民币不能直接国际化交易的漏洞,使交易更便捷。

任何事物的发展,兼具机遇与挑战。数字货币亦概莫能外。数字货币市场是一个充满风险的投资交易市场,也是世界范围内最大的不受监管的市场之一。作为一种新型货币形式,数字货币具有降本增效的典型优势。但面对新型事物应当要辩证地看待其优缺点,需深入探索数字货币是否可以推及大众,以史鉴今,应当明晰数字货币的潜在风险。数字货币发展过程中所产生的风险主要包含信息安全风险、流通环境风险与配套法律缺失的风险。

1. 信息安全风险

数字货币发展中的信息安全风险,不仅涉及个人账户信息的泄露,还涉及不同类型的应用程序及其运行的基础网络所处理的数据和信息所构成的不同程度的安全风险,其原因包括潜在的硬件和软件缺陷、系统集成方面的薄弱环节以及整个信息技术开发过程中信息安全管理方面的潜在薄弱环节。主要有以下两个因素:

其一,技术安全风险因素。数字货币主要依托于互联网技术和区块链技术,货币的发行等环节都要基于分布式账本技术,但这些技术还处于萌芽阶段,仍存在一些不容忽视的问题,如没有统一的技术标准、缺乏有力的技术支撑等,要克服诸多困难,达到保证技术安全的效果,大量实践是必不可少的。而且数字货币的去中心化特点,有利有弊,数字货币在交易环节最易受到攻击。数字货币通过密码学技术,对整个交易过程加密,使交易数据被篡改的可能性降低,保障整个交易环节的安全。但是数字货币处于发展初期,交易平台鱼龙混杂,没有行之有效的监管标准,极易出现交易审核不够严谨的情形,而且存在技术漏洞,如交易平台不稳定、个人信息泄露,造成经济损失。由于交易平台以及各个网络公司之间具有差异性,安全系数自然也不同,所以不同的数字货币有不同程度的潜在风险。

尽管数字货币交易平台的技术防御能力不断提升,被攻击的情况也尽可能被遏制,但仍有平台被黑客攻击的事件发生。人为恶意攻击,目的在于篡改系统中信息的内容,以截获或窃取等方式破坏信息的有效性和完整性。比如,黑客通过木马、网页脚本等攻击手段攻击用户的私钥,给用户造成财产损失等不利后果。由此可见,若网络与技术安全缺乏保障,数字货币监管将面临瓶颈。

其二,内部员工泄密因素。数字货币的交易,需要出卖人与买受人双方先把资金转入交易所开辟的专门的账户中,因此极易出现涉嫌内幕交易的行为。交易平台内部泄密的隐患最难预防,容易出现"老鼠仓"现象。"老鼠仓"一般出现于交易所,国外媒体曝光,虚拟货币交易所 Binance、Coinbase、FTX 等普遍存在内幕交易问题。据相关数据分析,某个加密钱包在币安宣布即将上架 Gnosis 币的前 6 天购买了价值 36 万美元的 Gnosis 币,之后在币安宣布 Gnosis 币即将上线的 4 分钟后,这个钱包开始抛售 Gnosis

币，净赚了大概 14 万美元，回报率约为 40%。这个就是典型的"老鼠仓"骗局。首先是"先知"币安要上线 Gnosis 币，大肆购买这个币种，在上线后就砸盘，将那些参与进来的用户全都套牢在里面，自己却赚得盆丰钵满。而且还先后被曝光类似的"先知"加密钱包有 46 种，它们提前布局的代币都在 Coinbase、币安和 FTX 上线不久后进行了加密货币交易。

2. 流通环境风险

随着数字货币的发展，其市场乱象情况也频繁发生。数字货币与传统货币不同，数字货币流通与互联网基础设施、电信运营商等密切相关，这可能将颠覆"央行—商业银行"的传统金融模式。数字货币缺乏货币锚，易引发"庞氏骗局"。而且诸如比特币等私人数字货币在价值上存在波动较大，较不稳定，缺乏透明度，监管程度低等缺陷，导致其成为投机性的工具。数字货币的投机风险主要由两方面产生，一方面是投资者预期，如比特币有着复杂的算法，产生的数字币数量有限，在某个特定阶段投资者认为接下来数字货币的价值将会大涨，从而储藏大量的数字货币导致市场交易的数字货币量减少，该数字货币变得供不应求，价格上涨。若没有一个严格的监管举措，这种恶循环会导致通货紧缩，最终消失于市场，造成投资者的严重损失。另一方面是由于数字货币的价格受到多方面的影响上下波动，数字货币平台监管不完善、法律政策落实不到位、参与投资用户素质不高等多种问题使投机分子抓住机会进行恶意的炒作，对数字货币进行盲目宣传，从中谋取利益。如果流通环境不健康，不仅会产生诸多非法投机行为，而且也会滋生逃税、洗钱以及非法交易等多种犯罪行为。

3. 监管风险

法律难以对数字货币平台进行监管，使其成为违法者和犯罪分子的避风港，解决数字货币的法律风险需要更新现有机制，完善数字货币交易平台，弥补立法空白，加强监管力度。

数字货币给国家和个人带来便利与效率的同时，仍具有潜在的风险，在信息安全方面，数字货币以"去中心化"的区块链为基础，具有匿名性的特点，不会强制要求用户公开个人信息，数字货币交易的匿名性远高于传统的非现金支付手段。在实际交易中，数字货币需要全网验证，数据需要大规模同步，随着数字货币交易量的增加，系统的交易效率无疑会受到影响，这对每个节点的运行能力提出了更高的要求。在流通环境方面，数字货币缺乏资产支撑和国家信用认可，币值更加不稳定，交易投机性强。在货币交易市场上，少数人事实上控制着大多数账户或货币，从而形成对市场的垄断，进而操纵价格，损害大多数人的利益。数字货币与实体货币的相互兑换，极易被当作洗钱和恐怖活动融资的工具而被滥用。配套法律缺失，没有中央监管机构，也没有反洗钱软件来监测和识别可疑交易模式。虽然执法机关可以利用交易商收集的客户信息来锁定特定的交易商，但无法锁定一个中心地点或实体来进行调查或扣押资产。特别是在跨境资金转移或支付方面，数字货币系统通常依赖于复杂的基础设施，涉及多个实体和多个司法管辖区，其中一些区域可能并未对数字货币进行监管。

综上，数字货币的发展仍存在"短板"，应当结合市场、投资者、政府等多方面的考量,以求积极应对数字货币发展带来的潜在风险。在坚持国家相关政策方向的基础上,当技术手段具备解决相关问题的能力后,对数字货币的进一步发展进行规划布局。

(三) 数字货币法律规制的前提条件

1. 数字货币概述

(1) 数字货币的概念与性质

在世界各国官方有记载的信息资料表明,数字银行、数字保险、数字货币的概念,在法律上出现的时间是在 2006 年 12 月 18 日,而且是在中国首次出现。2008 年 11 月 1 日,中本聪首次提出了比特币这一概念,并在次年 1 月 3 日正式发布,标志着比特币的正式诞生。自此之后,比特币逐渐进入群众视野,数字化货币的元年被开启。随着比特币(BTC)的出现,一种基于区块链技术的、无法篡改和无须信任的数字货币得到了普遍的认可,它的出现对传统的货币和金融体系造成了巨大的影响。比特币的出现标志着一个全新的数字货币时代的到来,它为人们带来了一种全新的金融创新方式,从而改变了传统的电子货币模式。虽然数字货币的未来发展情势一片大好,但理论上对于数字货币的概念依然没有定论。

因此,可以说:数字货币是一项将货币转换为数字方式的技术。这种转换不仅是扫描,而是一项更加深入的技术,就像数字签名一样,它不仅是将你的姓名转换成数字图形,或是用触碰板获得的签字,更是一项更加精确的落款方式。数字货币常常被误解为是虚拟货币,但实际上,虚拟货币指的是某种虚构的财富,如在

"三国志"或"大航海"游戏中,你拥有的财富可能只是虚幻的,但它们也具有其真实的价值。例如,通过购买其他玩家的账号,你可以获得他们所有的虚拟财富,这样你就可以轻松地继续游戏。

按照西方经济学中的阐述,只要是大众可以普遍接受的支付工具,都能够被认定为货币的一种,根据这个阐述,数字货币就是一种以电子为介质的货币,数字货币被大众所接受,并在我们的现实生活中被用来支付结算,因此可以称之为一种货币。然而,数字货币与网络虚拟货币具有根本的差别,如果你想要获得某个虚幻货币玩家的所有资产,那么你可以从其他网络游戏玩家那里购买他/她的账号,这样你就可以轻松地继续游戏,与其他虚幻货币玩家进行货币交易也是虚幻货币的一种表现形式。而数字货币是一种新兴的技术产物,可以在互联网上用来支付,取代现金,它的价值与实际货币相当。

综上所述,学界对数字货币的定义和内涵并未形成权威的学说。数字货币简称为 DC(Digital Currency),广义的数字货币泛指一切以电子形式存在的货币;而狭义的数字货币主要指纯数字化、不需要物理载体的货币,基于区块链等技术的加密数字货币。根据国际货币基金组织的报告,数字货币是价值的数字化形式,且基于电子形式获取,最终实现存储和交易等多种途径。数字货币在支付和流通功能上具有与实体货币相近的特性,但前者允许用户在网络上即时的、无地理限制地出让。况且,数字货币在形式上冲破了实体货币的限制,在流通功能上,依托于电子结算系统,交易信息也不拘泥于厚重的账本。①

数字货币没有实物形态,是不受监管的数字化货币,通常由创造者发行和管理,由特定用户接受和使用。欧洲银行管理局(EBA)将数字货币(或称虚拟货币)定义为一种价值的数字表现形式,它不是由中央银行或机构发行,也不与法定货币挂钩,但由于被大众所接受,可用作支付手段,并可以以电子形式进行转移或交易。它可以以电子形式传输、储存或交易。数字货币不是具有物理实体的货币,也并不以物理实体为载体,而是依托区块链技术用于网络投资、交易和储存。数字货币是代表一定财富的数字化信息,主要包括比特币、以太币和莱特币等。目前,数字货币背后缺乏稳定的信用支撑,尚无国家信用背书,较难发挥经济调控手段的作用。

(2)数字货币的特征与应用

①数字货币的特征

数字货币发展迅速,相较于传统货币,其去中心化、匿名性等特点得到了密码学技术的保障。数字货币的特征应当从传统货币理论角度、区块链技术角度以及金融体系角度等多维度展开探讨。并根据实际情况,结合比特币、以太币等数字币种的安全性、可靠性、可追溯性、可信度等显著特点,作具体分析:

第一,去中心化保证交易真实性。2008 年,中本聪发明的比特币在世界范围内首次出现,而我国推出的数字货币是以国家信用为基础的,因此,可以将二者进行对比,研究我国数字货币与比

---

① 参见肖远企:《货币的本质与未来》,载《金融监管研究》2020 年第 1 期。

特币的差异。由于比特币缺乏国家信用背书,加之总量极少(其数量极限是 2100 万),它必须以美元作为评估自身价值的标准,因此,尽管它在名义上是一种数字货币,但实际上却无法用作支付手段。尽管比特币的数量无法满足交易的需求,但它仍然是一种具有重要意义的金融工具,因为它可以为投资人带来安全、可靠的服务,同时也可以为政府提供有效的金融支持。与比特币相对比,我国中央银行推出的数字货币具有国家信用的背书,它可以为投资人带来更加安全、可靠的服务,从而更好地满足交易的需求,并且可以为政府和投资人带来更多的服务。央行负责监督和管理我国数字货币的发行,包括数量、时间、方式等。央行将对数字货币的发行和管理负有最终责任,这直接保证了国家发放的数字货币只具备货币属性,不具备商品属性,使它们在交易中具有合法地位,即双方都必须接受使用数字货币进行交易,这也是国家信用背书的体现。

传统金融机构要求某个专门的机构来确保支付的安全,而各国权力机构发放的数字货币则能够替换正在发行、流通中的现金,它们由各国信用背书,与法定货币等值,拥有无限法偿性,所以,传统货币采取中心化发行的手段。与传统货币不同,数字货币的去中心化特征明显。传统金融体系中实现资产保值,需要三个不同的主体:所有者、市场和监管机构。所有者存储资产,而市场定位出任何感兴趣并有能力购买这些资产的人,监管机构作为第三方,在前两个实体之间架起交易的桥梁,并确保交易在规则和适当的成本范围内进行。而比特币、以太币等数字货币去中心化的组织结构,使货币交易不再需要中介。数字货币的运行和发行不依赖中央银行、政府、企业等机构组织等信用基础,而是依赖密码算法、网络协议、区块链技术等信息技术来实现。数字货币是一种通缩型虚拟货币,几乎所有的数字货币总量都是恒定的,以比特币为例,比特币的总量是2100万个。算法解的数量确定,数字货币的总量固定以及理论上无个人、机构、政府等主体调控,这从根本上消除了数字货币滥发导致通货膨胀的可能。数字货币去中心化没有第三方机构的干预,实现用户与用户之间直接对接,可以保证交易真实性。如比特币、以太币等数字货币采取去中心化发行的手段,它们采用区块链信息技术进行底层网络技术,利用计算机构建一整套自治体系,使参加者能够自发公平地发行货币、转移货币,而无须任何金融机构的介入,从而完成点对点的货币交换,并且所有参加者都能够检验交易的真伪。所以,数字货币不再要求国家信用当作基石,可以通过个人发行,这通常要求创建某个数字货币交易平台,然后通过发展平台会员进行货币交易,以确保商品交易的真实感和安全。

第二,匿名性强保护交易者隐私。数字货币在交易过程中具有较强的匿名性特征。追本溯源,铸币时代的货币流通本无匿名或实名的要求,货币的匿名性,旨在保护货币账户信息的隐私。数字货币的匿名性即用户使用数字货币过程中,可选择匿名交易。数字货币交易在最初购买阶段就可以实现去个人化,用户只需提供资金或信用卡就可以购买数字货币,交易过程中使用的用户身份信息较少。同时,数字货币的匿名性还在于其具有不同于传统电子交易方式的替代支付方式,因此在整个交易过程中,外人无法识别用户的身份。与其他电子支付方式相比,数字货币的优势之一是支持远程点对点支付,不需要任何可信的第三方作为中介,在获取数字货币、使用数字货币交易以及网络虚拟世界的其他方面,数字货币持有者的合法身份不受任何权威机构的担保和验证,双方可以在完全陌生的情况下,在互不信任的情况下完成交易,交易双方的信息是匿名的,这可以保护交易者的隐私。一方面能防止交易双方隐私泄露;另一方面则避免被洗钱等犯罪活动所利用。

第三,交易成本低符合发展理念。数字货币交易成本低相对较低。根据《中华人民共和国中国人民银行法》第 16 条和第 18 条规定,我国流通的法定货币是人民币,由中国人民银行统一印制和发行。① 目前国内市场上流通的人民币主要是第五套人民币,分为纸币和硬币两种表现形式,这两种形式的货币在发行和流通过程中都需要大量的成本,纸币或硬币的印制、发行及流通成本高昂,如硬币的原材料是贵重金属,而且传统实体货币在制作完成后还需要在防伪、储存、运输、保管、定期回收以及销毁破损货币等环节投入大量资金。而数字货币由于不存在物理载体,其本质是电子化表现形式的数字信息,从发行成本和后续成本来看,其边际成本与数字货币的发行规模和发行数量成反比,即随着发行规模和发行数量的增加,成本逐渐降低。因此,数字货币的发行可以极大地优化当前的货币交易体系,降低高昂的生产成

---

① 《中华人民共和国中国人民银行法》第 16 条规定:"中华人民共和国的法定货币是人民币。以人民币支付中华人民共和国境内的一切公共的和私人的债务,任何单位和个人不得拒收。"第 18 条规定:"人民币由中国人民银行统一印制、发行。中国人民银行发行新版人民币,应当将发行时间、面额、图案、式样、规格予以公告。"

本,减少货币发行、运输、存储等成本,从而大大降低交易成本。另一方面,传统的金融交易如果跨行转账、汇款等会产生银行结算费;跨境支付时需要向支付服务供应商提供高额的手续费;通过第三方进行交易时,需要给付手续费。而数字货币则不产生此费用,因此能够节省一定的交易成本,交易成本相对较低。

第四,交易速度快提升兑付效率。一方面,数字货币主要通过网络进行操作,采用的区块链技术具有去中心化的特性,交易双方直接进行点对点支付(依托个人交易平台),无须任何类似于清算所的中心化机构进行数据处理,绕开了第三方交易机构的干预,省去了烦琐的步骤。例如,由后台进行清算和结算,实现信息流和资金流的双向统一,利用不同的媒介和渠道,允许在不同的媒介和"一站式"服务中完成交易和结算,更快地处理交易,确保支付和清算效率的提高。另一方面,数字货币不受时空限制,可以低成本实现国内外资金的快速便捷转移,使整个支付过程更加便捷高效。例如,传统的通过银行机构向境外转账,国际货币转账业务需要金融电信协会业务识别码、特定收款人的国际银行账号等信息,手续较为复杂。同时,整个转账过程耗时较长,手续费也较高。相反,数字货币低成本且服务便捷,一旦支付指令被接受,转账金额就会立即计入收款人的账户,实现实时金融服务交易。

第五,加密技术保证货币安全性。数字货币是一种新兴技术与金融需求的完美结合,它的发行基于最新的高科技,包括区块链科技、消息云科技、芯片科技等,这些科技为数字货币带来了全新的特性,使其具有更强的可操作性和可扩展性。精准把握区块链科技和消息云科技的特性,是深入理解数字货币的基础,也是改变公众对数字货币的看法的关键。区块链科技是数字货币蓬勃发展的基石,它是一种综合型的互联网信息技术,利用哈希算法、Merkle树、时间戳服务、工作量证明管理机制、权利证实管理机制、P2P网络以及非对称加密技术等,有效地克服了"去中心化"和"双重支付"问题,为数字货币的应用提供了可靠的支持。由于区块链信息技术的广泛应用,数字货币采用了分布式安全保护系统,交易双方必须经过认证,否则将无法被纳入系统,这大大提高了数字货币的安全性和合法性。通过可靠的云计算和芯片技术,我们可以确保数字货币交易的安全性。通过可信可控云计算技术,中央银行和商业银行能够建立一个可信服务管理系统,包含CA、信息记录管理中心、大信息中心、数字货币发行库、数字货币银行库以及其他相关的服务管理系统。此外,芯片技术也能够为用户提供安全可靠的数字货币使用环境,从而实现数字货币的安全使用。数字货币与传统的线上电子商务交易模式有着本质的不同,它们的仓储和支付都依赖于个人的移动终端,这些终端用户便是数字货币的钱包。数字货币的支付不再受到网络的限制,双方能够通过"钱包"(移动终端)实现自我对接,哪怕是在没有网络的情况下,也可以实现数字货币的支付。

  如比特币是一种根据密码学设计的数字货币,它的加密技术是它的核心,可以保证货币流动的安全。每个比特币由公钥、私钥和钱包地址构成。由一个随机数发生器形成的私钥,私钥经过算法处理形成一个公钥,公钥无法反向计算出私钥,公钥通过哈希算法得出公钥哈希,这些运行方式具备不可逆性,然后将上述这些密法进行编码,可以得出钱包地址,基于此,可以更好地保护比特币的安全。比特币的操作要求私钥,这个不可逆推的密码学技能使它能够被储存在各种储存介质中,而且除了用户自己,任何其他人根本无法获取用户本人的信息,因此,这种不可逆的密码学技术就能够保证比特币的安全。

从技术层面看,数字货币通过加密技术提升了货币流通各个环节的安全性。从用户隐私保护角度分析,数字货币依托于区块链技术,对硬件和软件都有较高要求。在硬件和软件的双重保障下,数字货币具有更高的网络安全性。而且,用户的账户信息以及在互联网的行为数据应当加密保护。当前,互联网存在隐私泄露问题。金融行业属于容易产生个人信息泄露风险的重点行业,通过一个手机号码,可以追踪到与用户相关联的个人隐私资料,不法机构利用这些数据从事营利性商业活动,造成用户的财产损失。反观后发现,这些隐私资料的源头主要是用户在互联网上的金融交易行为,所以数字货币的加密技术方便数据确权,保障用户的合法权益。

②数字货币的应用

随着社会生产力的不断提升,数字货币也随之出现,它是一种全新的技术,可以通过加密技术将数据转换成可以在市场上流通的货币,也被称为数字货币或数字虚拟货币。世界银行将最近出现的狗狗币、比特币、福源币和莱特货币等游戏币视为加密货币,以此来提高金融市场的效率和安全性。通过采取密码数字信息链的表现形式,互联网金融机构得以实现规模化和规范性的快速发展,摩根大通和高盛是最早发现这一机会的企业,他们利用自身金融体系的先天优势,积极布局数字货币体系,以期在数字化时代取得成功。除了商业机构和金融服务巨头,各地也在积极地布局信息化金融服务货币体系,并着手研制"CBDC"等央行数字金融货币,以满足市场的需求。数字货币是迄今为止人类发展文明的又一个新里程,它让大众进入了一个全新的领域,随着社会经济的进步和发展,生产规模的壮大与社会文明的多元化,传统的纸币在当今社会有许多不方便的因素,比如,不易携带,容易丢失造成的经济损失,然而数字货币能很好地弥补这些缺点,要想改变当今的状况,要从货币的形式上改变,是逐渐进入数字化时代。

当我们进入数字化的时代,数字货币依其本身的特性为传统货币存在的缺点提供了完善手段。

21世纪初,微软等国家网络技术服务公司明确提出了将虚拟货币与实际货币系统相结合的想法,但由于当时网络尚未普及每个家庭,这一提议只是在美国政府引发了一阵热潮,之后便再无消息。然而,从实际出发,我们可以理解,国家的公信力和足够多的货币受众群体是构建货币体系的基础。在中国,网易和腾讯是最先将互联网虚拟币种引进网络的公司,网易采用页面游戏的形式将银行卡与互联网虚拟币种实现兑换,以获取更多的收益;而腾讯则采用银联的方式,开创了一种崭新的交易模式。相比之下,数字货币拥有更高的安全性和权威性,它们的使用范围仅限于公司和商业机构之间,而且它们是基于区块链技术而产生的,具备加密的特性。数字货币是一种以数字化形式呈现的金融工具,它可以有效地避免通货膨胀和货币超发的问题,而且它的发行规模与实际用户密切相关,可以在虚拟世界中无限扩张。很多人不能理解传统虚构货币和数字货币相互之间的差异,这是因为他们无法弄清楚它们与现实世界的关系。传统虚拟货币缺乏"损耗性"这一概念,它们的交易比例是永恒不变的,而数字货币则需要与其他币种建立关联才能进行兑换,它们相互之间也存在信用模式的互换。① 数字货币具有高效率及低成本的优势,以及去中心化和匿名性的特征,如果在符合国家利益和监管政策的前提下,发挥其优势,未来的发展趋势必将会与互联网、大数据、人工智能等技术深度融合,在各个领域发挥所长,更好地服务于我国的金融体系。

在支付结算领域:数字货币去除了第三方的介入,降低了交易的成本。同时,去中心化的特征让数字货币支付具有匿名性,可以保障隐私安全。数字货币的"离线支付"可以弥补第三方支付"在线支付"的局限性。数字货币通过公钥与私钥的灵活运用,将支付时的联网过程适当地进行延后处理,以实现双离线支付。而第三方支付平台的使用高度依赖网络,受网络信号束缚,极大地降低第三方支付的应用范围。在跨境支付结算过程中,交易受限于币种不同无法直接支付,通过特定的结算工具和支付系统(如在国际贸易中进行交易时,离不开 SWIFT 系统②)以实现不同国家之间的资金转换。而数字货币的应用,使跨境支付多了一种可能,交易过程中无须通过第三方即可直接面对面完成交易,流通不会产生手续费,降低运行成本。数字货币在每笔交易中会生

---

① 参见张名与:《数字货币监管法律问题研究》,载《合作经济与科技》2022 年第 14 期。

② 国际资金清算系统(SWIFT)由环球同业银行金融电讯协会管理,SWIFT 的使用,为银行的结算提供了安全、可靠、快捷、标准化、自动化的通信业务,从而大大提高了银行的结算速度。

成一个备注标签,系统后台时刻知悉每笔资金的流向,当发生风险之时可以冻结这笔资金并撤回,减少财产损失的风险。

票据金融领域:国内票据业务多为纸质交易。随着区块链技术的应用,将实现票据、资金、财务计划和其他相关信息的透明化,并通过智能合约在借贷双方之间生成非加密、公开和唯一的电子合约、实现价值从一点到另一点的直接转移,而无须特定的实体票据或中央控制和验证系统,从而防止一票多卖,及时跟踪资金流向,保障交易双方的合法权益。区块链技术在比特币等数字货币上的应用已证实可编程数字货币的可行性。在票据的生命周期中,共经历承兑、流转和托收三个核心环节,票据数字货币化减少中介传输方,通过记录数据块的时间戳解决了所有参与者对持票企业的信任问题,可通过变成的方式实现业务操作,及时完成价值交换,通过代码的控制在托收时不能进行其他操作,确保了账实相符,实现交易的公平性和价格的真实性。票据数字货币化亦可以冲破金融领域亟须解决总分重复记账、安全攻击和信任关系等一系列壁垒。

智能合约:智能合约在支撑数字经济降本提效、促进服务创新发展等方面具有巨大潜力,可以提高合同的执行约束力,实现资金流、信息流的同步。智能合约分布式存储的特征可以让信息难以更改,因此可以保障合约的有效性,数字货币所依托的区块链技术运用到合约,可以极大程度地避免信用风险。比如,银行的网上借贷程序及办理程序还存在很多人工劳动,支持借贷的抵押物价格偏高、多重抵押物、无抵押物等问题。在这种情况下,我们可以研究利用电子货币来确定担保物的价格,并对其进行追踪。从理论上讲,自动执行智能合同可以避免抵押物被多重抵押。通过电子货币来进行借贷,并通过电子程序构建电子程序,可以降低银行的费用,增加工作的效率。

(3)数字货币的起源与演变

纵观世界货币发展史,货币经过贝壳、金银、铸币、纸币及数字货币等诸多形态的更新迭代。货币形态历经商品货币(包括贝壳等实物货币和金银等金属货币)、代用货币(包括可兑换的铸币、纸币以及银行券等)和信用货币(如政府发行的不可兑换的货币和银行发行的不可兑换的银行券等)三个阶段。① "二战"后的布雷顿森林体系(指"二战"后以美元为中心的国际货币体系)构建了美元汇兑本位制,黄金本位制结束的标志是布雷顿森林体系的解体,至此,货币进入下一个阶段,具有信用属性,保证实现同种或不同种商品之间相互交换。纸质货币在发行、流通以及回收等环节出现成本消耗大、难以携带等问题。这些问题亟待解决,货币创新迫在眉睫。货币创新需要围绕三个基本要素,包括价值的跨时期转移、未来的偶然结果达成契约和价值可转让性,这为货币创新提出了方法论和方向所在。② 数字货币可以不受限于传统货币的困境,适应数字化、信息化经济的发展趋势。

无论从政治角度,抑或从经济角度,科技与金融的融合赋予数字货币更多的可能性,数字货币的诞生是人类逐步探索运用新兴科

---

① 参见李凌静:《货币之桥上的迷失者 齐美尔论货币与现代性体验》,载《社会》2018年第5期。

② 参见[美]威廉·N.戈兹曼、[美]K.哥特·罗文霍斯特:《价值起源》,王宇、王文玉译,万卷出版公司2010年版。

技的必然结果。数字货币的本质和通用货币并无区别,均具备三个基本功能:价值储藏载体、交易支付媒介和计价单位,但是数字货币是数字经济发展到一定阶段的必然结果。自 1981 年,密码学家大卫·乔姆首先提出了关于构造具有匿名性、不可追踪性的电子货币系统设想。该系统主要采用了盲签名的密码学技术原理,可以使签名者在不获取所签署具体内容信息的情况下完成签名。

这个数字货币方案的提出既保护了用户隐私,又解决了携带厚重现金的问题。1989 年,大卫·乔姆成立 Digi Cash 公司,将数字货币的理论设想进行了实践,并推出 E-Cash 系统。DigiCash 被认为是在线支付系统的先驱。由于当时的技术限制,E-Cash 系统采用中心化的架构设计,导致其应用范围小,且需复杂的系统维护,最终 Digi Cash 公司于 1998 年宣布破产。直到 2008 年,中本聪(日裔美国物理学家)创造了比特币。2009 年,中本聪又在先前提出的比特币结构框架的基础上,开发了一个有关比特币的源代码项目,比特币由此正式被赋予生命。比特币主要依托于区块链技术,自比特币之后,类似模式的数字货币大量出现。2011 年,莱特币诞生,该货币在比特币基础上对运算效率、矿工入场容易程度方面进行改善;2013 年,以太坊诞生,通过以太坊可创建智能合约和构建去中心化应用程序,从波动较大的加密货币到稳定币的出现,后者弥补了加密货币应用范围受限制的缺点。如 2015 年,Tether 公司推出可以 1∶1 兑换美元的"泰达币"(USDT),泰达币就是典型的稳定币。稳定币是一种具有"锚定"属性的加密货币(稳定币通过与储备资产"锚定",解决了数字货币币值波动的问题),既保留比特币加密交易、区块链记账的特性,同时也挂钩某一类货币或金融资产,通过合约或交易机制设定,努力与其保持相同的价值,以实现币值的稳定。2019年,Facebook启动的数字货币项目,发布《Libra白皮书》计划,欲推出Libra(天秤币),引起学界广泛关注。私人数字货币没有国家信用背书,势必会出现诸多问题。在数字经济时代背景下,面对私人数字货币带来的诸多挑战,各国央行尝试研发"法定数字货币"。根据IMF(国际货币基金组织)统计,截至2022年7月,97个国家央行数字货币(CBDC)处于研究或开发阶段,其中尼日利亚于2021年10月推出"电子奈拉"(eNaira),巴哈马2020年10月推出"沙钱"(Sand Dollar);包括中国在内的15个国家的数字货币处于试验阶段;15个国家处于概念性验证阶段;65个国家处于研发阶段。

2. 数字货币的分类

数字货币兴起离不开比特币的发展。2008年中本聪提出"比特币"的概念,翌年,比特币作为一种数字加密货币登上历史舞台。比特币的诞生真正地引起了公众对数字货币的关注。数字货币被公众熟知,学界也对数字货币展开了的激烈讨论。对于数字货币的分类问题,具体从以下几个角度划分。

(1)发行主体

根据发行主体划分,可分为法定数字货币和私人数字货币。法定数字货币的提出,最早可以追溯到21世纪初。法定数字货币是指由央行或货币当局发行的,具有无限法偿性,并保持货币四大基本属性,对mo形成一定替代的法定货币。法定数字货币分为央行数字账户(central bank digital account, CBDA)和央行数字货币(CBDC)。有学者认为,法定数字货币即央行数字货币,是继私人数字货币出现后的产生的新型法定货币。① 根据央行数字货币的可获得性及央行在货币体系中发挥的功能不同,可以分为批发型 CBDC 和零售型 CBDC。国际清算银行(BIS)、国际货币基金组织(IMF)等国际组织基于研究与实践提出了对 CBDC 的定义,将法定数字货币定义为加密货币,根据中央银行面向发行对象的不同,将法定数字货币分为零售型和批发型两种。批发型主要用于银行之间转账大额交易结算,零售型是央行的直接负债,不会给支付体系带来信用风险。② 国际清算银行(BIS)提出的"货币之花"模型(见图 1)描述了 CBDC 的主要特点。

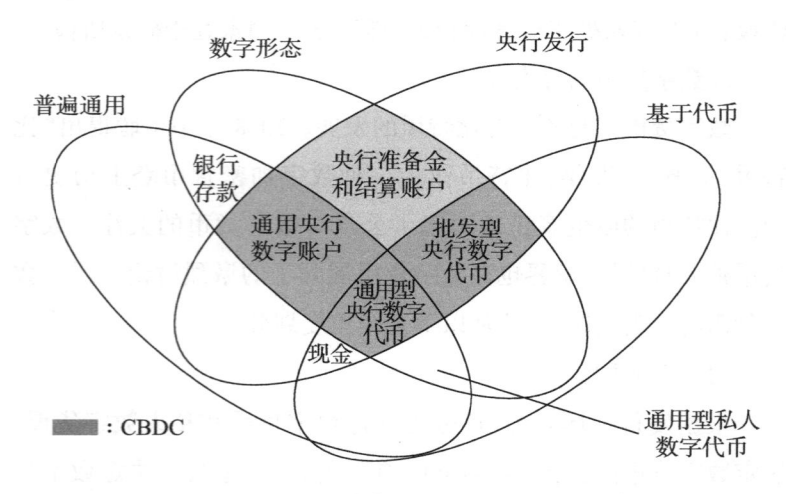

图 1 国际清算银行"货币之花"

---

① 参见李晶:《论法定数字货币的法律性质及其监管》,载《上海政法学院学报(法治论丛)》2022 年 37 卷第 2 期。

② 参见周有容:《国际央行数字货币研发进展综述》,载《西南金融》2022 年第 2 期。

私人数字货币又称非法定数字货币,它并非央行或货币当局发行,以比特币为代表的非法定数字货币。根据赋值方式的不同,私人数字货币可以划分为两类:一是基于区块链的原生代币,指依赖于区块链系统并在该系统内产生和使用的数字货币,又称加密数字货币。二是在区块链上发行运营,但以链外资产支持的数字货币,又称稳定币。①

根据发行主体对数字货币进行分类,是学界的主流观点。法定数字货币和私人数字货币在适用范围和信用基础等方面都存在差异(见表1)。

表1 法定数字货币与私人数字货币区别

货币类型(区别)	法定数字货币	私人数字货币
发行主体	央行或货币当局	私人部门
适用范围	不特定人群	特定人群
信用基础	国家信用	社会信用
币值波动性	低	高
流通环境	稳定性较高	风险性较高

(2)信用基础

根据信用基础不同,数字货币可以分为虚拟货币、商业数字货币和数字法定货币三个类别,这些分类各有不同,但都是为了满足不同的需求而产生的。

其一,虚拟货币——以比特币为代表。比特币就是一种新型

---

① 参见巴曙松、张岱晁、朱元倩:《全球数字货币的发展现状和趋势》,载《金融发展研究》2020年第11期。

的电子支付模式,它克服了现有的电子支付模式的缺陷。比特币不是建立在任何人的信誉基础上,它采用了加密的原则,只要是对这个制度的设计表示赞同的人,都可以在不依赖于任何第三方信誉机构的情况下,加入和使用这个货币。该特点对传统的支付系统,特别是对网络新技术的认识和应用产生了极大的影响。自2009年以来,比特币作为一种新型的支付方式,其在商业领域的作用日益凸显。除了比特币爱好者和持有者这个特定的小圈子之外,其他各国的商业机构,也逐渐将比特币纳入他们的视线之中。芝加哥期权交易所(Committee of Chicago Organization,CBOE)还发布了一项关于比特币的合约。比特币最大的价值就是分散,人们可以通过它来建立起相互的信任,这让它成为了一种广泛使用的方式。新一代互联网的最大价值在于它代替了传统的资讯传播模式。比特币的诞生使分散式技术被广泛地运用到了经济生活的方方面面,其中也有金融业。基于算法、密码等技术的"机器信任"替代了基于人类之间的信息交互的"关系信任",而非基于人类之间的信任。

其二,商业数字货币——以天秤币为代表。近年来,由于社会的发展,特别是互联网科技的发展,我们的消费方式出现了很大的变化。消费者的主要消费方式已经从传统的实体店转向了线上购物,这也就意味着支付方式也必须在线上进行。电子商务平台巨头企业正在努力构建一个摆脱中国传统商业银行的自有付款体系,蚂蚁金服的支付宝、微信付款以及脸书(Facebook)的天秤币(Diem)都是为了满足这一需求而推出的。如果说前两者的支付系统仍然以法定货币为基础,那么后者则正在努力开发出更加灵活多样的非数字化法定货币或商业数字货币。2019年6月,脸书发表了《天秤币白皮书》,宣称联手多个产业组织推广加密货币天秤币,这一尝试不仅具有技术挑战性,而且也是为了解决各国政府法定货币系统的问题。《天秤白皮书》指出,天秤币的目标是建立一个简单、无国界的货币体系,以及为数十亿人提供金融的互联网基础设施。天秤币具有多项独特的优势:首先,它使用了安全性保证且可拓展的区块链信息技术。其次,它使用资产存储进行支撑,为其内部价值提供保障。最后,"天秤币协会"负责管理天秤币的开发、管理工作和作出重要决定,等等。《天秤白皮书》指出,脸书发行天秤币旨在利用区块链技术推动普惠金融,实现跨国结算,为全球人民创造更为方便、低成本的服务。然而,不久之后,许多国家和地区的政府对天秤币计划可能带来的金融秩序混乱感到严重忧虑,并对其存在的意义进行了怀疑和批判。2020年4月,脸书面对全球监管的批评,发布了全新的《天秤币白皮书》,希望尽早得到监管的认可,以确保其合法性和可持续性。脸书拥有超过九亿的用户,其发行的商业数字货币对于全球经济发展和社会进步具有重要意义,远超过比特币等虚拟货币。

其三,数字法定货币——以数字货币和电子支付工具为代表。所谓数字法定货币是一种特殊的金融形式,它由金融机构开发,具有集中监管和双层运行方式,不受货币数量制约,可以用于支付各种金融交易,以及提供各种金融服务。它与虚拟货币和商业数字货币具有根本的差别,因此在金融市场中具有重要的地位。数字法定货币与传统货币在实质上没有太大的差别,它们的差别体现在外观上,传统货币以实物形式存在,而数字法定货币则是以电子形式存在,更加便捷、安全、可靠。

随着科技的进步,人们越来越需要一种新型、安全、普惠的零售支付方式。为此,2014年我国人民银行组建了数字合法货币研究组,开展了多方面的研究,以探索数字货币的开发架构、核心技术、流动市场发展环境以及国外成功经验,以期实现数字合法货币的可行性。我国正在努力建立一种新型的数字法定货币体系,旨在满足人民群众在数字经济时代的现金需求,并为零售支付领域提供可靠、稳健、高效、持续创新和开放竞争的金融基础设施。这将有助于支撑中国数字经济的发展,提升普惠金融的水平,并提高货币和支付体系的运行效率。①

虚拟货币、商业数字货币与数字法定货币在基础技术、管理结构、储备资产等方面各有不同的特点,因此对这三类数字货币的法律规制,必须借助类型化的思维方式进行区分对待。

根据数字货币的特点及发行方式,可以把数字货币分为三类:匿名币(Anonymous Currency)、稳定币(StableCoin)和央行数字货币(Central Bank Digital Currency)。

在这三类数字货币中,匿名币和稳定币是由市场化手段进行商业运作的,并不由主权国家的中央银行发行,因而可以归类为非央行发行的数字货币;而央行数字货币则由主权国家中央银行发行并运用国家强制力保障流通,即央行发行的数字货币。与非央行数字货币不同,央行数字货币是主权国家根据自身需求,结合现有技术,以国家信用作为背书的法定货币。

---

① 参见中国人民银行数字人民币研发工作组:《中国数字人民币的研发进展白皮书》2021年,第6页。

3. 典型的数字货币

数字货币是伴随着支付结算方式多元化和数字技术的兴起而出现的。近年来,随着云计算、移动互联网、大数据、区块链等信息技术的快速发展,数字技术逐步应用于货币流通和支付结算领域,导致各种跨境制度和数字货币形式不断涌现,刺激着各国货币市场的竞争和跨境功能的结构性变化。其中较为典型的数字货币(以私人数字货币为研究主体)如下:

(1)比特币(BTC)

比特币于2009年正式诞生,是一种基于去中心化,采用点对点网络与共识主动性,开放源代码,以区块链作为底层技术的虚拟的加密数字货币。与传统法定货币相比,比特币并不存在传统意义上的一个中央货币发行系统,而是通过网络节点的计算生成,而且参与制造比特币的主体不特定,具有全球流通性。与其他虚拟货币最大的差异是比特币的总量有限,具有稀缺性。比特币依据特定算法,通过大量的计算产生(比特币网络通过"挖矿"来生成新币,"挖矿"实质上是用计算机解决一项较为复杂的数学问题,数学问题的难度会自动调整,整个网络约每十分钟得到一个合格的答案,随后比特币网络会生成一定的比特币作为区块奖励,奖励获得答案的人),使用整个P2P网络中众多节点构成的分布式数据库来确认并记录所有的交易行为,并使用密码学的设计来确保货币流通各个环节的安全性。比特币无法通过大量制造来人为控制币值,只能被真实的拥有者转移或支付。比特币系统通过编码抵御通货膨胀,防止第三方对代码进行破坏。比特币系统采用了分散化编程,预计至2140年,流通比特币的数量上限将达到 2100 万,作为数字资产,极易携带,收益率较大,具有一定的财富储藏价值。

比特币是完全虚拟的,没有国家或政府信用背书,其交换价值来自群体自发达成的共识。用户获取比特币的途径包括依据算法进行大量的运算来"开采"或购买。比特币的交易体系以区块链为中心,采用了公开的加密技术,按照程序编码和约定进行交易。而比特币的合约则需要对每个交易进行验证,记载并公开。由区块组成的区块链发挥公共交易报告系统的作用,每个区块是一组按时间顺序报告的交易。在发起一笔交易的过程中,将其转交至互联网及运营特定程序的用户(俗称"矿工")手中,而对那些还没有被比特币支付的复杂算术问题的求解,则需要对其进行有效的认证,从而将其加入到区块链中。这种有效过程叫作"挖矿",它产生了新的比特币,并将被用来奖赏那些最先用算术证明该交易有效的人。也就是利用工作负荷来获取账目权限,并且把每次出现的业务都按照一定的次序记录到区块链上。为避免重复付款和虚假信息的产生,比特币的在线通用会计和公开密钥加密技术对其进行认证是必不可少的。公开钥匙加密给使用者两种钥匙:公开钥匙和私人钥匙。公开密钥(又称作 BTBERRaddress)是一种独特的识别码,它的作用就像是接收 Email 的邮箱地址一样,作为接收 BTBERRADE 的账户。私钥是一种作为一种密码的加密代码,它让用户能够在一次比特币货币的交易中签字,并且把比特币转移到另外一个地址。要想获得比特币的拥有者,就需要通过一种私人密钥来实现,而每一种比特币的公共密钥或地址都会有一种私人密钥。该加密密钥采用了与该加密密钥相关的数学方式,使该加密密钥既可以计算出该加密密钥的具体位置,也可以防止逆运算出该加密密钥,从而保证了该加密的交易及账户的安全性。为了能够转让比特币,公共密钥和私人密钥(签名)需要成对地使用。在交易过程中双方需要类似电子邮箱的"比特币钱包"和类似电邮地址的"比特币地址",汇款方通过网络或智能手机,按收款方地址将比特币给付。比特币交易过程绕开金融机构,一方面交易便捷迅速;另一方面可以消除交易费和支付不确定的中间成本,可以兑换成美元、欧元和其他法定货币或虚拟货币。

(2)以太币(ETH)

以太币的诞生与以太坊息息相关。2013年至2014年,一位名叫维塔利克·布特林(Vitalik Buterin)的编程人员在受到比特币的灵感启发之后,第一次将Ether's这个理念命名为"新一代非中心的密码和数字应用平台"。以太坊是一个开放源码、具备智能合同能力的公有区块链技术,它以其特有的以太币为核心,为用户提供分布式的以太虚拟机,实现对等合同的高效执行。与比特币脚本相比,以太坊内部的图灵完备的虚拟机拥有了运行任意应用的能力。开发者可以利用专门的编程语言,来创造出各种智能合约,开发出包括支付、众筹、域名、资产交易、基金管理、云存储、博彩、网络游戏等在内的各种去中心化应用。以太网络上运行的各种应用程序基于智能合约,具有开放性、高度标准化、易于扩展等特点,可以相互影响,营造良好的生态环境。以太坊采用五层架构实现,见表2。

表2 以太坊架构

架构层级	核心	详述
智能合约层	以太坊虚拟机、去中心化应用	智能合约赋予账本可编辑的特性,以太坊通过专用虚拟机(EVM)运行智能合约代码。去中心化应用(DAPP)的核心业务逻辑通过智能合约实现,结合前端的静态页面和其他内容资源共同构建一个完整应用
激励层	发行机制、分配机制	主要实现以太币的发行机制和分配机制。以太币可以通过挖矿获得。以太币被看作位于以太坊网络中的燃料,运行智能合约和发送交易都需要向矿工支付以太币
共识层	工作量证明机制、权益证明机制	主要实现全网所有节点对交易和数据达成一致,以太坊采用两种共识机制,初期采用工作量证明机制(POW),后期将切换至相对更为节能高效的权益证明机制(POS)
网络层	点对点网络、传播机制、验证机制	主要实现网络节点的连接和通信(点对点技术)。没有中心服务器,依靠用户群交换信息的互联网体系。具有去中心化特点,对等网络的每个节点既是客户端,也参与整个网络的运行和维护
数据层	区块数据、链式结构、数字签名、哈希函数、Merkle树、非对称加密	数据层需要处理交易数据的序列化和反序列化、持久化,支持交易的快速查询和验证等操作。为了保证以太坊节点具有广泛的分布性,要求其数据层的实现高效且占用资源少。因此以太坊这样的公有区块链底层通常不采用关系型数据库,比如,以太坊使用Key—Value数据库以Merkle Patricia Tree的数据结构组织管理账户数据、生成交易集合哈希等

(3)泰达币(USDT)

泰达币是数字货币中极具代表性的稳定币,是Tether公司推出的基于稳定价值货币美元的代币,1USDT = 1美元,用户可以随时适用泰达币和美元进行1∶1兑换(一个泰达币与1美元的价值等同)。泰达币保存在外汇储备账户,获取法定货币支持,是一种将加密货币与法定货币美元挂钩的数字货币。Tether 将现金兑换成数字货币,锚定获将美元、欧元和日元等国家货币的价格挂钩,可以有效防止数字货币出现价格上的大幅波动。

2014 年 11 月底,一家位于中国香港特别行政区及马恩岛的公司更名为泰瑟。Bitfinex 在 2015 年 2 月公布了对泰达币的正式认可。后来,竞争性货币交易平台 Poloniex 也加入了泰达币的行列,使其交易额日益增长。泰达币采用的是 Omni(Mastercoin)协议,Omni 币算是市场上首个 2.0 版本的比特币货币。因此,泰达币的一些指标,如交易的确认,都和比特币一样。使用者可以通过 SWIFT 将美金转到泰瑟公司开出之银行账户,也可以通过比特菲尼克斯交易所兑换美金。赎回美元时,反向操作即可。网站宣称严格遵守 1∶1 的准备金保证,即每发行 1 枚泰达币,其银行账户都会有 1 美元的资金保障,用户可以在 Tether 平台进行资金查询,以保障透明度。在合规方面,所有涉及发币的操作,都要求用户完成 KYC 认证。

在数字货币交易市场中,泰达币是良好的保值代币,而且 Tether 的区块链技术在满足国际合规标准和法规的同时,提供了世界级的安全保障。但私人数字货币在我国尚未得到承认,2021 年 9 月 24 日,中国人民银行等十部门发布《关于进一步防范和处置虚拟货币交易炒作风险的通知》,进一步强调虚拟货币不具有与法定货币等同的法律地位。泰达币等虚拟货币具有非货币当局发行、使用加密技术及分布式账户或类似技术、以数字化形式存在等主要特点,不具有法偿性,不应且不能作为货币在市场上流通使用。

(4)莱特币(LTC)

莱特币是受比特币的启发而推出的改进版数字货币,于2011年11月9日发布运行。莱特币是一种基于"点对点"技术的数字货币,也是MIT/X11许可下的一个开源软件项目。莱特币与比特币在技术上具有相同的实现原理,采用了去中心化的架构,莱特币的创造和转让基于一种开源的加密协议,新币发行和交易支付转让都是基于开源的加密算法。莱特币较大程度上弥补了比特币的劣势。莱特币在以下三点上得到了改善:第一,莱特币网可以在2.5秒内完成一次区块的操作(对比特币而言为10秒),从而能够加快对交易的验证速度。比特币有一个很大的缺陷,那就是交易的速度很快,一笔交易只花了十分钟,而在完成之后,整个网络都要进行一次全面的验证,这也就意味着,整个网络都要经过40分钟到50分钟的验证。莱特币的区块拼装速度比比特币快了不止4倍,算上验证,只用了20多分钟就能完成。第二,莱特币系统预计能生产8400万枚莱特币,相当于整个比特币系统总发行额的四倍。第三,莱特币采用了Colin Percival首创的快速密码学(scrypt),与传统的SHA256算法(SHA256)相比,快速密码学(scrypt)具有更大的计算量和更大的存储空间,使系统的计算资源很难得到有效的集中化,同时也使系统更容易受到各种类型的攻击。也正因为如此,莱特币的scrypt和比特币的scrypt不一样,所以莱特币并没有受到任何的影响,也没有受到任何的影响,所以莱特币才会受到威胁。用一般的电脑来计算,要简单得多,效率也要高得多。

在货币安全方面,莱特币的开发过程和支付过程都具有较高的安全性。在开发过程中,它不可能被伪造,莱特币是一连串复杂的求解代码,它通过挖矿来获得货币而不是印刷,这从根本上杜绝了"假币"的产生。在支付过程中莱特币使用地址和私钥进行交易,这好比密码和钥匙,这些地址和私匙的组合排列有上亿种可能,很难破解,提高了安全性。莱特币每 2.5 分钟处理一个区块,比特币是 10 分钟,单次双重付款的攻击者符合 Poisson 分布,且攻击者的胜率随着区块个数的增加呈现指数递减趋势。在 6 个以上的情况下,攻击的成功率几乎为零,这也是比特币为什么会提出 6 个确认号来保证交易安全性的原因。由于数据包的运算速率是比特币的 4 倍,因此,为了防止二次付款,泊松分布将增加 4 倍于比特币的验证次数,也就是说,24 次验证次数将等同于 6 次验证。

对于莱特币的性质,学术界仍未达成统一的共识。持否定观点的学者认为,莱特币只是虚拟的抽象化的一串电子地址,无论对实体经济还是虚拟经济都毫无作用,它仅是一个价值符号,各国的纸币能够作为有效的价值符号充当货币是因为它有一国政府的最高信用承诺做支撑,并且有大量的具有实际使用价值的物品做储备,如最常见的黄金储备。而莱特币没有任何使用价值,同时没有任何的等价物储备。莱特币对真实货币兑换率过高,存在价格泡沫,有牵连实体金融市场的风险。究其根本,一是散户盲目地跟风投资。二是实力较高的套利者故意斥资炒高。而且莱特市场的监管盲区易滋生犯罪活动,现在许多国家还没有出台相关法规对莱特币进行监管,匿名化的支付方式使它成为犯罪者的首选。莱特币去中心化、匿名支付和公密钥等特点,是法治化道路上应当克服的障碍。

(5)瑞波币(XRP)

瑞波币是 Ripple 系统的基础货币,它可以在整个 Ripple 系统中流通,总数量为 1000 亿,并且随着交易的增多而逐渐减少。瑞波币不同于其他货币,比如 CNY(人民币)、USD(美元)不能跨网关提现,而瑞波币完全没有这方面的限制,它在 Ripple 系统内是通用的。Ripple 系统的出现让货币在全球范围内的流通更加方便快捷。Ripple 系统是一个可以分享的公众资料库,也是一个全球收入的总账目。该系统可使系统中的各台电脑在数秒之内就能接收到总账目的最新消息,不需要通过任何一个中心。这样的运算速率对 Ripple 系统来说是一个巨大的工程上的突破。这就意味着 Ripple 系统只需 3~5 秒就可以完成一笔交易,而对比特币来说却要花上 40 分钟。但是和比特币相比,比特币是一个虚拟的货币,而 Ripple 是一个网络贸易协定(瑞波协定),可以让用户使用任何一种货币来付款。举例来说,A 可以使用 Ripple 系统来结算美金,B 可以使用 Ripple 系统来结算欧元。

瑞波币和比特币都是以算术和加密为基础的一种数字货币,不过与没有实际作用的比特币相比,瑞波币拥有 Ripple 系统中的基本通信工具和加密工具,加密工具是 Ripple 系统中必不可少的一环,也就是说,所有加入 Ripple 系统的人,都需要拥有一定数量的瑞波币。Ripple 系统的工作过程是:通过网关或者是瑞波币作为媒介,使用者 A 可以将任意种类的货币或者虚拟货币转换为瑞波币,再通过瑞波币传送至其他区域的使用者 B,使用者 B 可以将接收到的钱转换为所需的任何一种货币；另外一种方式是，用户 A 把钱放在 B 相信的一个门户，然后通过门户转移到 B。Ripple 系统也让使用者可以在这个系统中发出"私人货币"。如果 Ripple 系统使用者 A 有良好的信用，A 就可以将他的"私人货币"与另外一个使用者 B 交换为美金或比特币，该使用者 B 是一个值得信赖的人。如果有必要的话，使用者 B 可以把他换成 A 的钱取出来。这其实就是一个借款的程序，使用者 A 拥有了从别人那里借钱的权利。从整个 Ripple 系统的框架来看，这个框架属于"去中心化"。尽管部分地区看起来像是"弱中心化"，但整个体系结构是如此分散。一言以蔽之，它就是一个分散的网络财务交易体系，涵盖了所有的货币。瑞波协定维持了一个分散的、在整个网络中公开的、分散的总账。这个协定有一个"共识机制"与"确认机制"，并利用这两种机制向总账中适时地增加事务记录。Ripple 系统会在数秒之内，对新出现的业务进行快速确认，并通过协商一致与确认机制进行确认。这些细枝末节，就是瑞波体系的总账。瑞波提出的"共识机制"，能够在短短数秒之内，让整个系统的各个节点都能收到来自总账的最新消息，而无须通过中央计算机进行传输。这种快速的信号传输模式对瑞波系统来说是一个巨大的突破。Ripple 系统相对于传统的加密技术，以及加密后的验证技术，主要有两个方面的区别：一是加密后的数据（块）加密后的时间（比特币需要 10 分钟左右，而瑞波仅需要数秒）。二是加密后的验证技术（块）更快速（比特币需要多个节点逐一验证，而瑞波需要全部节点一次验证，因此称为瑞波）。这也是为什么瑞波系统在 3～5 秒内就能完成一笔新的交易，而对于比特币来说，四五十分钟就能完成一笔新的交易。

　　瑞波币目前的发币方式主要包括：对社区用户的赠送、WCG挖矿、大户批发和对内部员工以工资形式发放等。由于 Ripple 的转账手续费低到可以忽略不计，更受小型企业青睐。

　　上述几种典型的数字货币由于其存在难以监管等问题，按照我国目前的法律规定属于禁止流通的数字货币，现实中存在此类货币的私下交易，随着数字货币热度的上升，吸引了一部分投资者趋之若鹜，由此引发了一系列关于数字货币交易的纠纷，导致投资主体的财产安全问题频发，也为金融市场秩序带来了不稳定因素。

二、数字货币法律规制的
　　理论基础

（一）经济学基础

数字经济蓬勃发展,正在重塑全球经济新格局。数字资产给金融行业带来了巨大的投资空间和增值空间。数字货币作为数字资产中的分支(见图2,数据货币指数字货币,对数字货币的划分较为具体),对人类社会在各个发展阶段上的各种经济活动和各种相应的经济关系及其运行、发展的规律的影响显著。

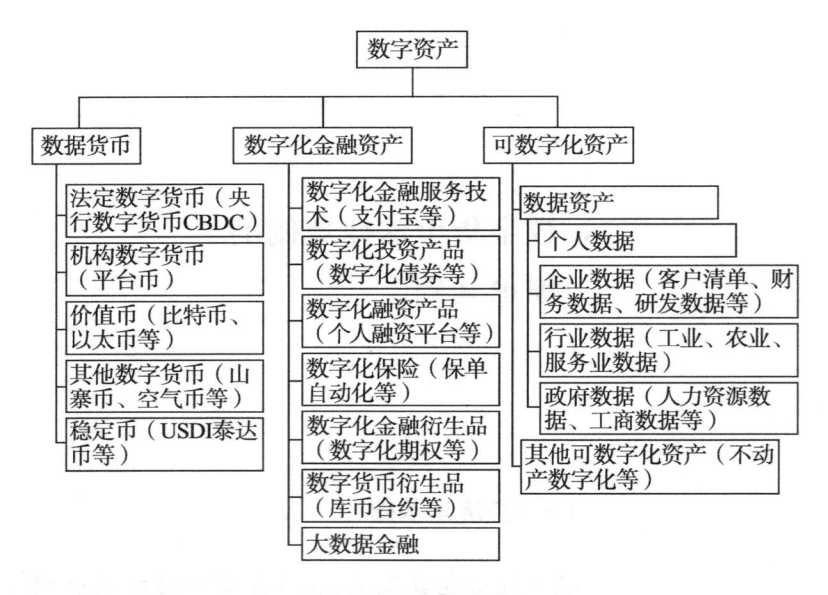

```
                          ┌─────────────┐
                          │  数字资产   │
                          └──────┬──────┘
            ┌────────────────────┼────────────────────┐
      ┌─────┴─────┐      ┌───────┴───────┐     ┌──────┴──────┐
      │  数据货币 │      │ 数字化金融资产│     │ 可数字化资产│
      └───────────┘      └───────────────┘     └─────────────┘
```

```
数据货币：
  法定数字货币（央行数字货币CBDC）
  机构数字货币（平台币）
  价值币（比特币、以太币等）
  其他数字货币（山寨币、空气币等）
  稳定币（USDT泰达币等）

数字化金融资产：
  数字化金融服务技术（支付宝等）
  数字化投资产品（数字化债券等）
  数字化融资产品（个人融资平台等）
  数字化保险（保单自动化等）
  数字化金融衍生品（数字化期权等）
  数字货币衍生品（库币合约等）
  大数据金融

可数字化资产：
  数据资产
  个人数据
  企业数据（客户清单、财务数据、研发数据等）
  行业数据（工业、农业、服务业数据）
  政府数据（人力资源数据、工商数据等）
  其他可数字化资产（不动产数字化等）
```

图 2　数字资产的分类

1. 货币职能与数字货币职能

货币是一个国家的核心支付手段，铸币权是一个国家的根本权力之一，货币体系对国家的经济体系有着深刻的影响。从经济学角度分析货币，包括微观经济学和宏观经济学两部分内容。微观角度分析了货币的供求关系。在金融市场中，货币供求关系是一种平衡关系。宏观角度着重探讨货币对宏观经济的影响，运用一般均衡的研究方法，对宏观经济进行了全面的研究。无论是学派还是微观宏观，对货币经济学的考察都是从货币职能出发的，即货币的价值尺度、支付手段、流通手段和储藏手段。货币的价值尺度是货币最基础最基本的职能，是指货币以自身的价值作为标准，去衡量其他产品的价值。货币在发展的过程中，可以独立承担支付职能,购买商品或服务,形成债权债务关系。当商品经济发展到一定的阶段,以物易物的交易模式将会被淘汰。流通手段是指货币在商品交易过程中的媒介作用。在初始商品交换的过程中,我们可以拿着自己多余的商品获得货币,然后再将货币作为一般等价物去置换需要的商品。商品—货币—商品成为商品交换的形式,货币就是商品经济可以进行交易的媒介。然而,货币不可能永远处于流通的状态,当货币处于相对静止状态时,就可以衡量个人或群体的社会财富储备。此时,货币职能就是贮藏手段。根据马克思的劳动价值论和货币储藏职能的理论,在金属货币流通条件下,货币的贮藏职能像一个储水池,会自发地调节使流通中的货币与待实现的商品量相适应。经济发展推动货币职能的不断延展,就数字货币而言,私人数字货币无法实现的价值尺度和贮藏手段职能。私人数字货币由于其内在价值缺乏信用体系保障,币值波动剧烈,无法固定地充当一般等价物,也就很难实现价值尺度这一职能。私人数字货币的稀缺性是人为设定的,不同于自然界产生的金银贵金属实物的稀缺性,它既无法保障自身价值稳定,又无法承诺兑换。法定数字货币则与传统货币并无差异,均能实现价值尺度、支付手段、流通手段和储藏手段这四个职能。

2. 数字货币的行业优势

随着数字经济越来越深入到了实体经济的各个层次,货币制度也随之产生了变化,以云计算、大数据、人工智能等技术为支持的数字货币时代即将到来,个人和公司资产价值的存储形式将会逐渐转变为数字资产形式,而支付方式也会越来越多地向着数字支付转变,与此同时,货币的形式也会随之变化。在可预见的时间内,数字货币具有实现货币的四项职能的可能性,而且数字货币具备的快速流通性、便捷性、高安全性等特质均是传统纸币所不能比拟的。正如纸质货币最终替代了金属货币一样,货币无纸化也是大势所趋,是货币不断演进的必然结果。目前支付宝、微信、银联支付等已经实现了 M2 范畴的货币无纸化,而央行推出数字货币替代传统的纸币,可以实现 M0 范畴的货币无纸化,顺应了数字经济时代的发展浪潮。当然,所有事物的发展都不是一蹴而就的,货币无纸化也将是一个逐步发展的漫长过程,这可能也是央行最初只选择推出部分数字货币,替代部分纸币的重要原因,数字货币是数字经济发展到一定阶段的必然结果。数字货币作为经济学和金融领域的研究范畴,使传统货币在形式上发生了转变,为货币体系注入了新的元素和活力,数字货币的发行对货币需求和供给结构都产生了影响。

3. 数字货币的产业链结构

数字货币产业链是支撑数字货币高质量发展的必备条件,也是基于经济学领域范畴下,依据特定的逻辑关系和时空布局关系客观形成的链条式关联关系形态。数字货币产业链包括三个环节,上游环节主要包括芯片和基础技术行业,包括数字加密和网络安全领域。中游主要包括银行 IT 行业,包括银行核心系统、身份认证和数字货币钱包领域。下游环节主要包括支付终端行业,包括 ATM 和智能 POS 机领域。

(1) 上游研发环节

上游环节主要依托芯片和基础技术行业。上游环节着重对密钥相关技术研发,包括数字加密和网络安全领域。其中,数字货币的投放、流转、回笼等过程的专利均涉及密钥部分,安全加密和认证。数字货币的本质是加密字符串,认证和密码体系将会贯穿数字货币发行流通的。数字货币的首次发行也称为首次代币发行(Initial Crypto-token Offering,ICO),项目基于区块链技术,通过发行代币的方式,募集比特币等基础私人数字货币的行为。整个 ICO 流程可以概述为:项目的发起人通过指定的交易平台进行项目公示和信息披露,约定在特定的日期,采用特定的方式发行代币,并授予代币特殊权益(产品的使用权、期权、收益分配权等);项目投资者基于对发行项目前景的预测,以比特币等其他数字货币投资项目支持项目发展,并获得新发行代币;代币发行后也可以在指定交易平台自由流通,投资者可以在约定日期后出售套现,换取法定货币推出或继续增持。

(2)中游流通环节

中游流通环节主要包括银行 IT 行业,其中包括银行核心系统,身份认证和数字货币钱包领域。"钱包"是数字货币的重要载体,是数字货币存储、管理和交易的工具,利用钱包中生成的数字货币收款地址(公钥),可以接受他人给自己转账的数字货币,也可以把自己钱包中所拥有的数字货币资产转账给他人,以此达到流通的作用。如比特币中的交易场景,卖出方公布公钥、买入方拿自己的私钥进行匹配,其中只需建立合适的规则来由第三方完成信息的记录并生成数据区块即可。一是免去了到中心化的系统中做信息流转。二是实现了点对点的交易,确保了价值传递的去中介化。三是通过智能合约和流转的可追溯有效避免道德风险、操作风险和信用风险,实现交易的公平性和价格的真实性。

(3)下游兑付环节

数字货币,不仅具有与真实世界交互的支付功能,还通过密码学构造出安全可靠的转账功能。获取数字货币一般通过挖矿、购买和转账三种途径。使用数字货币一般包括转账和兑换货币(包括其他数字货币或法定货币)。兑付是转账和兑换的结合,将数字货币先转账给具有实时兑换能力的第三方平台,再由第三方平台兑换成其他数字货币或者法定数字货币。从产业链下游环节看,主要包括支付终端行业,其中包括 ATM 和智能 POS 机领域等。下游交易环节为数字货币的支付应用以及相应的服务支持。目前央行和商业银行正在研究讨论数字货币钱包的存储媒介形式,APP、SIM 卡甚至小型硬件设备都在考虑的范围内。同时,在商户零售场景等接收端,ATM、POS 机等设备都需要添加新的模块来支持部署新的支付终端,这会为支付软硬件开发和运维带来一个体量可观的市场,提供支付终端厂商有望受益。

(二)政治学基础

货币是政治和经济的投射,货币秩序在一定程度上会影响利益分配秩序。从一般等价物到数字货币的飞跃,使货币的形式发生了巨大的变化。货币形态不断演进的逻辑主线是提高效率的同时,保证交易的公平性和合法性。随着分布式网络技术的成熟及密码学理论的发展,数字货币的兴起水到渠成,而国际金融规则的制定者们更加积极推动"无现金社会"以扩张金融霸权。相比纸币,在没有第三方金融机构的掣肘下,数字货币能够更为精准快速地度量全球范围内的经济活动。

而数字货币追求价值稳定的思想最早产生于20世纪70年代。由于金本位和固定汇率制度的废除导致很多国家爆发了通货膨胀危机,为了解除这一危机,学术界进行了相当激烈的争论,而数字货币思想正是诞生于那个时候。以哈耶克为代表的学派认为应该将货币交给市场,通过市场竞争的方式最终决胜出价值最稳定的货币,而这正是数字货币的思想源头。而以弗里德曼为代表的观点认为,国家需要调控货币发行的数量。而这也正是货币政策中"通货膨胀目标制"的思想源头。交易市场个人发行创造的数字货币并不能够成为真正流通的货币,因为这种货币无法获得国家和社会经济体系的认可,没有国家或政府信用背书就导致它无法大规模发行,而由于缺少统一的调控机制,就会导致市场发行货币量混乱,无法与现代市场货币体系进行对接,这亟待相关政策的制定来解决。

当不可追踪的数字货币不受资本管制时,制定数字货币相关政策,以控制一国流入和流出的资本。为保护社会公众的财产权益,保障人民币的法定货币地位,维护金融市场稳定,防范洗钱等风险,2013年,中央人民银行等五部委发布《关于防范比特币风险的通知》。比特币的主要特征有四个:无中心发行者、有数量限制、无地理限制和匿名性。比特币虽然挂着"货币"的名头,但因为它不是央行发行的,所以它并不具备任何法律效力。文件中明确指出,包括比特币在内的数字货币是一种虚拟商品,不具有与法定货币同等的法律地位，不能够也不应该作为货币在市场上流通。文件规定，各金融机构和支付机构不得以比特币为产品或服务定价，不得买卖或作为中央对手买卖比特币，不得承保与比特币相关的保险业务或将比特币纳入保险责任范围，不得直接或间接为客户提供其他与比特币相关的服务，包括接受或使用比特币进行支付；为客户提供比特币、人民币和其他外币的交易服务；开展比特币的存储，托管，抵押等业务；提供与比特币有关的理财产品；以比特币为投资对象，进行信托、基金，等等。应加强对比特币的监管，防范洗钱风险。但是，比特币交易作为一种网络商品的买卖行为，一般民事主体具有参与的自由度，并且要承担一定的风险。社会公众应该正确认识货币，正确看待虚拟商品和虚拟货币，理性投资，合理控制投资风险，维护自身财产安全等观念，并将其纳入金融知识普及活动的内容中，树立正确的货币观念和投资理念。

2021年，中国人民银行等部门发布《关于进一步防范和处置虚拟货币交易炒作风险的通知》，引起行业内的高度关注与讨论。自2013年之后，央行等监管部门与行业协会曾经发布多份有关防范虚拟货币炒作风险的文件，对虚拟货币的性质与炒作行为提出明确政策指导。在过去监管政策的基础上，央行今日发布的文件进一步更新对虚拟货币的概念描述，央行明确指出比特币、以太币、泰达币等虚拟货币具有非货币当局发行、使用加密技术及分布式账户或类似技术、以数字化形式存在等主要特点，不具有法偿性，不应且不能作为货币在市场上流通使用。此前，央行在各类文件中对虚拟货币的表述多为虚拟货币是一种特定的虚拟商品,不由货币当局发行,不具有法偿性与强制性等货币属性,不是真正的货币,不应且不能作为货币在市场上流通使用。此次文件则首度提出虚拟货币具有使用加密技术及分布式账户或类似技术、以数字化形式存在等主要特点。首度提出参与虚拟货币投资交易活动存在法律风险、追究刑事责任、境外交易所提供交易服务属于非法金融活动,同时明确了多项违法行为的处罚机制,加强对虚拟货币相关的互联网信息内容和接入管理。十部门(人民银行、中央网信办、最高人民法院、最高人民检察院、工业和信息化部、公安部、市场监管总局、原银保监会、证监会、外汇局等十部委)参与该文件,各级省政府负总责,其中最高人民法院、最高人民检察院、公安部、市场监管总局和外汇局都是首次出现在此类文件中,并提出构建多维度、多层次的虚拟货币交易炒作风险防范和处置体系。

根据观研报告网发布的《中国数字货币行业现状深度分析与发展趋势研究报告(2022—2029年)》显示,近些年来,为了促进数字货币行业发展,我国颁布了多项关于支持、鼓励、规范数字货币行业的相关政策(见表3)。

表3 国家层面数字货币行业相关政策

发布时间	发布部门	政策名称	相关内容
2021年	国务院	关于支持北京城市副中心高质量发展的意见	支持金融科技创新发展,加快推进法定数字货币试点,做好金融科技创新监管工具实施工作,支持大型银行等依法设立数字人民币运营实体,支持符合条件的银行参与直销银行试点,探索建设数字资产交易场所

续表

发布时间	发布部门	政策名称	相关内容
2021年	国家发展和改革委员会	关于整治虚拟货币"挖矿"活动的通知	强化虚拟货币"挖矿"活动监管调查,明确区分"挖矿"与区块链、大数据、云计算等产业界限,引导相关企业发展资源消耗低、附加价值高的高技术产业,严禁利用数据中心开展虚拟货币"挖矿"活动,禁止以发展数字经济、战略性新兴产业等名义宣传、扩大虚拟货币"挖矿"项目
2021年	全国人民代表大会	中华人民共和国国民经济和社会发展第十四个五年规划和2035年远景目标纲要	积极参与数据安全、数字货币、数字税等国际规则和数字技术标准制定。推动全球网络安全保障合作机制建设,构建保护数据要素、处置网络安全事件、打击网络犯罪的国际协调合作机制
2020年	国务院	关于印发北京、湖南、安徽自由贸易试验区总体方案及浙江自由贸易试验区扩展区域方案的通知	支持人民银行数字货币研究所设立金融科技中心,建设法定数字货币试验区和数字金融体系,依托人民银行贸易金融区块链平台,形成贸易金融区块链标准体系,加强监管创新。建设金融科技应用场景试验区,建立应用场景发布机制
2019年	财政部	中华人民共和国财政部令第98号——财政部关于修改《代理记账管理办法》等2部部门规章的决定	第62条 各单位应当定期对会计账簿记录的有关数字与库存实物、货币资金、有价证券、往来单位或者个人等进行相互核对,保证账证相符、账账相符、账实相符

从历史趋势和全球进展来看,数字货币是货币发展进程的必经阶段,国内应当从数字货币政策的制定着手,提升数字货币影响力,强化数字货币精准调控能力。依托于区块链、5G等技术建

立的法定数字货币体系,可以实现更为精准的货币政策效果,对抢占数字空间铸币权乃至维护国家金融主权安全稳定具有重要意义。从市场竞争的角度优化数字货币的体验,做好顶层设计和技术方案研发工作,总结前期的相关政策经验,进一步制定数字货币政策,完善数字货币的法律监管制度,形成多层次的数字货币体系。

(三)密码学与计算机学基础

数字货币基于密码学与区块链等技术,由计算机程序设计产生,通过互联网发行、流通和使用。探究数字货币务必要回溯现代密码学的发展历程和计算机技术的广泛应用。密码学和计算机学作为其技术层面的基础学科,对研究数字货币发行阶段的法律规制具有重要意义。从法律上规制密码学中的信息保密问题、信息篡改问题以及通信对象认证问题亦是对数字货币发行阶段的特定法律问题的攻坚克难。

1. 密码技术

信息系统的安全,可以依靠密码学来实现。密码学是研究编制密码和破译密码的技术科学。密码学是对信息以及信息的传输的数学性研究,在信息的加密解密的对抗过程中不断演化的技术。密码系统由算法和密钥组成。明文(原始数据)和密钥是原材料,算法是加工的方式,产出的是密文。密码算法可以对信息进行加密、签名等,保证其机密性和完整性,不被轻易篡改和窃取。任何货币都需要某种方式提供攻击,并需要实施特定的安全属性以防止欺诈行为的产生,如传统纸质货币,央行提供货币供给,并在实体货币上加注防伪标识,提升货币安全属性。对于数字货币,密码加密技术更是实现技术安全和可信的关键,可以有效地防御破坏系统状态的行为。现在密码体制的分类较多,按照密码算法对明文信息的加密方式,分为序列密码体制和分组密码体制;按照加密过程中是否注入了客观随机因素,分为确定密码体制和概率密码体制;按照是否能进行可逆的加密变换,分为单向函数密码体制和双向函数密码体制。学界依据常用的密码算法所使用的加密密钥和解密密钥是否相同、能否由加密过程推导出解密过程(或者由解密过程推导出加密过程)而将密码体制分为对称密码体制和非对称密码体制。

(1)对称加密算法

对称加密算法应用较早,技术相对成熟。在对称密钥加密中,加密和解密共用一个密钥。明文(原始数据)的加密过程,是将密钥和明文一起提交给加密算法,之后加密算法返回密文。密文的解密则通过将密钥和密文提交给相应的解密算法来完成。在大多数的对称算法中,加密密钥和解密密钥是相同的,所以"对称密钥加密"有时也被称为"秘密密钥加密"和"单密钥加密"。对称加密算法要求发送方和接收方在安全通信之前,商定一个密钥,密文的安全取决于密钥能否被保密,密钥的保密性对通信的安全性至关重要。

对称密码算法的优点包括算法公开、加密速度快、加密效率高等。不足之处在于交易双方都使用同样钥匙,安全性得不到保证。对称加密算法的安全性取决于加密密钥的保存情况,但要求密钥持有者们保密,可谓是难上加难。在整个交易过程中,一旦密钥被泄露,密钥加密的所有文档就会被读取,毫无秘密可言。此外,交易双方每次使用此种算法时,需要使用其他人不知情的钥匙,且该钥匙具有唯一性,这个过程会使得交易双方所拥有的钥匙数量倍增,密钥的管理成为交易双方的负担。如两个用户需要使用对称加密方法加密然后交换数据,则用户最少需要 2 个密钥并交换使用,如果企业内用户有 n 个,则整个企业共需要 n×(n－1)个密钥。对称加密算法在分布式网络系统上使用较为困难,主要是因为密钥管理困难,使用成本较高。在计算机专网系统中广泛使用的对称加密算法有 DES、3DES 和 AES 等。常见的对称密码算法比较如表 4 所示。

表 4 常见对称密码算法比较

算法	密钥长度/位	运算速度	安全性	资源消耗
DES	56	较快	低	中
3DES	112、168	慢	中	高
AES	128、192、256	快	高	低

DES(Data Encryption Standard)是一种单一密钥对称加解密算法。通信主体之间只有一个密钥,该密钥不对第三方公开。但由于密钥长度较短,导致安全性不高。DES 算法有 3 个入口参数,分别是 Key、Data 和 Mode。其中,Key 是一个 8 字节共计 64 位的工作密钥,用于 DES 算法中;Data 同样是 8 字节 64 位的需要加密或者解密的信息;Mode 是 DES 工作模式,分为加密或者解密 2 种,若 Mode 是加密的话,那么使用 Key 来对数据 Data 加密并产生 Data 密码形式,作为 DES 输出结果;如果 Mode 是解密的话,那么使用 Key 来对密码形式数据 Data 进行解密并恢复到 Data 明码形式,作为 DES 输出的结果。在使用 DES 时,双方预先约定使用的"密码"即 Key,然后用 Key 去加密数据;接收方在获取密文之后,利用相同 Key 进行解密,获取原始数据,这样便实现数据传输。DES 曾经是 1977 年美国联邦信息处理标准

中所采用的一种对称密码。曾经得到了广泛的使用。不过随着计算机算力的提升,DES已经不再安全,可以在短时间内通过暴力破解。所以现在 DES 已经不再推荐使用。DES 密钥长度为 64 比特,每次可以加密 64 比特的明文。如果明文长度大于 64 比特,就需要对明文比特序列进行分组,迭代加密,迭代的方式称为模式。

由于 DES 已经可以被暴力破解,于是出现了三重 DES(Triple Data Encryption Algorithm,TDEA)算法。三重 DES 算法其实就是将 DES 重复了三次。但是加密过程并不是加密、加密、加密,而是加密、解密、加密。加密过程中引入解密运算,是为了兼容 DES。解密是逆向操作,通过解密、加密、解密三步运算完成三重 DES 的解密。这种方法用两个密钥对明文进行三次加密,假设两个密钥是 K1 和 K2,三个步骤:首先,用密钥 K1 进行 DEA 加密。其次,用 K2 对步骤 1 的结果进行 DES 解密。最后,用第二步的结果使用密钥 K1 进行 DES 加密。这种方法的缺点,是要花费原来三倍时间,三重 DES 由于处理速度不高,除了兼容 DES 的场景,已经很少使用。

高级加密标准(Advanced Encryption Standard,AES),用于替代 DES 成为新一代的对称加密标准。AES 算法是经过公开选拔所产生。这样彻底杜绝了隐蔽式安全性。最终,比利时密码学家 Joan Daemen 和 Vincent Rijme 开发的密码算法 Rijndael 成为了 AES 标准。Rijndael 是 AES 算法的前身。Rijndael 是分组密码,它的特点是具有可变分组长度和可变密钥长度,两者均可独立地设定为 32bit 的倍数,最小值 128bit,最大 256bit。而 AES 将分组长度固定为 128 位,而且支持 128 位、192 位和 256 位的密钥长度,分别称为 AES-128、AES-192、AES-256。AES 算法中存在多个轮次,每轮次有如下四个步骤:SubBytes(类似于简单替换,将每个字节的值替换为另外的值)、ShiftRows(首先将明文以 4 字节为一行,转化为多行,也就是矩阵。每行按照一定规则向左平移)、MixColumns(将矩阵的列,每 4 个字节为单位进行比特运算,转化为另外的 4 字节值)、AddRoundKey(将 MixColumns 后的数据与轮密钥进行 XOR 运算)。以上四步执行完后,一轮 Rijndael 加密就结束了。Rijndael 加密一般要进行 10~14 轮计算。Rijndael 解密的过程则是相反的顺序。Rijndael 加密的过程类似玩魔方。假如有种魔方,除了和普通魔方相同之处外,每个格子还写有文字。Rijndael 加密的过程和打乱这个魔方非常像。横着转几下,竖着转几下。除了打乱行、列,还对格子里的值做了替换以及 XOR 加密。而 Rijndael 解密的过程就是还原魔方,只不过不但颜色要还原一致,魔方格子上的文字也要还原。由于 AES 中使用了密钥,所以即使精通 AES 算法,拿不到密钥也很难还原,故安全性相较于前两种对称加密算法更高。

(2)非对称加密算法

与对称加密算法不同的是,在非对称密钥加密中,加密和解密过程要用到两个密钥。一个是公开密钥(以下简称公钥),另一个则是私有密钥(以下简称私钥)。公钥和私钥是一对密钥,如果用公钥进行数据的加密,只有用对应的私钥才能解密数据;反之,如果用私钥进行加密,对应的公钥亦能解密。加密和解密需要通过两个不同的密钥完成,所以这种算法被称作"非对称加密算法"。

"非对称加密算法"最早可以追溯到 1976 年,W. Diffie 和 M. Hellman 在 IEEE Trans. on Information 刊物上发表了"New Direction in Cryptography"文章,提出了"非对称密码体制即公开密钥密码体制"的概念,开创了密码学研究的新方向。这种新的密钥交换算法将原来的一个密钥一分为二成一对密钥,一个密钥用于加密,另一个密钥用于解密。这个算法提出了一种崭新的构思,可以在不直接传递密钥的情况下,完成解密。这个算法启发了其他深耕于密码领域的学者,让学者们意识到,加密和解密可以使用不同的规则,只要这两种规则之间存在某种对应的关系即可,这样就避免了直接传递密钥。非对称加密算法对数据加密的基本过程:其他所有收到这个以 A 要把信息发给 B 为例,确定角色:A 为加密者,B 为解密者。首先由 B 随机确定一个 Key,称之为私钥,将这个 Key 始终保存在机器 B 中而不发出来。其次由这个 Key 计算出另一个 Key,称之为公钥。这个公钥的特性是几乎不可能通过它自身计算出生成它的私钥。再次通过网络把这个公钥传给 A,A 收到公钥后,利用公钥对信息加密,并把密文通过网络发送到 B。最后 B 利用已知的私钥,就能对密文进行解码。反之,B 亦可以成为加密者,A 成为解密者,角色互换,形成一个信息交互的循环过程,以此来实现机密数据的传输。值得关注的是,在整个过程中,其他所有收到报文的第三方都无法解密,因为只有 A 和 B 有各自的私钥(见图 3)。

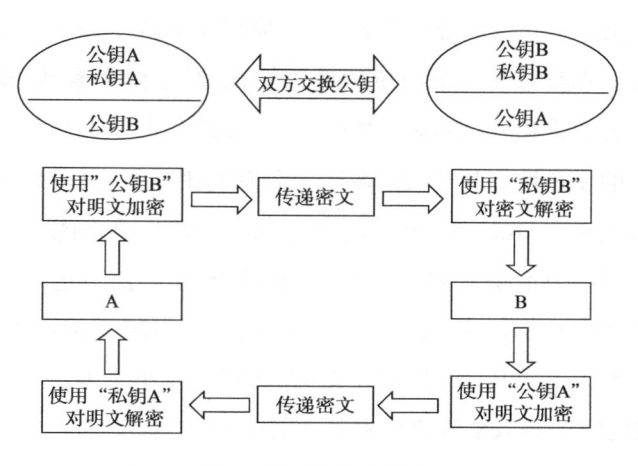

图 3　非对称加密算法

非对称加密算法相比于对称加密算法有一个很大的优点,那就是消息的发送方不需要与相应的接收方交换需保密的密钥。只有消息的接收方需要持有一个保密的密钥。而且信息交换过程中,不用和每个接收方约定对称密钥,很好地解决了单密钥体系下的密钥大规模分发问题。而且基于非对称加密算法有两种密钥,其中一个是公开的,所以在密钥传输上不存在安全性问题,使其在传输加密数据的安全性上又高于对称加密算法。公开的密钥可以托管出去,但保密的密钥绝对不能泄露。公钥与私钥之间存在一个这样的数学关系:从私钥很容易推导出公钥,但想从公钥推出私钥,可能性极低。常见的非对称密码算法如表 5 所示。

RSA 算法是目前应用广泛、可靠性较高的非对称加密算法,在 1978 年,由麻省理工学院的罗纳德·李维斯特(Ron Rivest)、阿迪·萨莫尔(Adi Shamir)和伦纳德·阿德曼(Leonard Adleman)三位科学家提出。由于难以破解,广泛应用于的数字加密和签名技术。算法本身基于一个简单的数论知识,基于两个素数,很容易得出两者的乘积,然而基于乘积,反推这两个素数就显得尤为困难。它的安全性是基于大素数因子分解的困难性,其公钥和私钥是一对大素数(100 到 200 位的十进制数或更大)的函数。而且它的安全程度也取决于密钥的长度,目前 RSA 算法可选取密钥长度为 1024 位、2048 位、4096 位等,理论上密钥越长越难于破解。相比于个人电脑几个小时就可以破解的密钥(小于等于 256 位),512 位的密钥和 768 位的密钥也分别在 1999 年和 2009 年被成功破解,但是目前还没有公开资料证实有人能够成功破解 1024 位的密钥。为了提高整体信息处理过程的安全性,业界推荐使用 2048 位或以上的密钥,密钥的长度与安全性呈正相关关系。非对称加密思想的提出以及 RSA 算法的实现,开启了真正的现代密码学时代。继 RSA 算法之后,各类非对称加密算法相继出现。

表5 常见非对称密码算法比较

算法	密钥/位	加密速度	存储空间
RSA	1024、2048	慢	大
ECDSA	192、256	快	小
SM2	256	快	小

椭圆曲线数字签名算法(Elliptic Curve Digital Signature Algorithm,ECDSA),是密码学技术中最常见的数字签名之一。基于 DSA(Digital Signature Algorithm)算法和椭圆曲线密码学(Elliptic curvecryptography,ECC)算法的结合,主要用于对数据创

建数字签名,保障信息在传递过程和使用过程中的完整性、真实性和可信赖性。DSA 算法被广泛应用在椭圆曲线上的变化,由 IEEE 工作组和 ANSI(American National Standards Institute)X9 组织开发。椭圆曲线数字签名算法(ECDSA)由阶为 q、生成元为 G 的循环群参数化,其中 G 为某条椭圆曲线上的点。ECDSA 算法具体定义如下:Gen(1κ):随机选择一个私钥 $sk \in Zq$,计算公钥 $Q = sk \cdot G$。输出公私钥对(Q,sk)。Sig.($sk \in Zq, m \in \{0,1\}*$):随机选取一个随机数 $k \in Zq$,计算(rx,ry) = $k \cdot G$。然后计算 s = k − 1 · (H(m) + sk · rx),输出数字签名 σ = (s,rxmodq),其中 H() 表示哈希函数。Verify(pk ∈ G,m,σ ∈ (Zq,Zq)):计算 R = s − 1 (m · G + rx · Q) = (rx́,rý)。如果(rx́modq) = (rxmodq),输出 1,否则输出 0。① 相比于 RSA 算法,ECDSA 可以使用更小的密钥,就可以实现与密钥长度数倍于自己的 RSA 相同的安全性能,电子交易速度更快,效率更快,存储空间更小。

　　SM2 算法与 RSA 算法均属于公钥密码算法,但 SM2 算法属于更为高级的安全算法。数字签名算法中计算量大 SM2 数字签名算法和 ECDSA 算法在总体结构上类似,其主要差别在于杂凑函数选择和签名计算方式上有所不同。考虑到数字签名算法是直接签名和签名验证杂凑值,所以在分析 SM2 数字签名算法和 ECDSA 算法的计算量时并没有将杂凑值计算量考虑在内。在签名算法,签名验证算法这 2 个环节,这 2 个算法都是利用椭圆曲线中的操作以及有限域内的模操作。随着密码技术与计算机技

---

① 参见韩妍妍、徐鹏格、李兆斌、魏占祯:《基于双方 ECDSA 的强匿名性比特币密钥管理方案》,载《计算机应用与软件》2021 年 38 卷第 10 期。

术的不断发展,当前普遍使用的 1024 位 RSA 算法正面临严峻的安全威胁,我国商用密码体系已采用 RSA 算法进行取代。2011 年国家密码管理局下发了《关于做好公钥密码算法升级工作的函》(国家密码管理局函〔2011〕7 号),规定 2011 年 7 月 1 日以后投入运行并使用公钥密码的信息系统应使用 SM2 算法;同时,规定从 2011 年 2 月 28 日起在建和拟建公钥密码基础设施的电子认证系统和密钥管理系统应使用 SM2 算法,新研制的含有公钥密码算法的商用密码产品必须支持 SM2 算法,实现 SM2 算法逐步取代 RSA 算法,建立基于国产算法的密码支撑体系。相较于 RSA 算法,SM2 算法具有密码复杂度高、处理速度快、机器性能消耗更小等特点。SM2 算法和 RSA 算法比较如表 6 所示。

表 6　SM2 算法和 RSA 算法比较

类型	SM2	RSA
算法结构	基本椭圆曲线	大整数模幂运算
计算复杂度	完全指数级	亚指数级
存储空间	192~256bit	2048~4096bit
解密加密速度	较快	一般

(3)哈希算法

哈希算法又称安全散列算法(Secure Hash Algorithm,SHA),是密码散列函数的一族。SHA 家族的五个算法,分别是 SHA-1、SHA-224、SHA-256、SHA-384 和 SHA-512,由美国国家安全局(NSA)所设计,并由美国国家标准与技术研究院(NIST)发布。哈希算法把任意长二进制值在固定长二进制值中映射位很短,这一小段二进制值叫作哈希值。哈希值在一段数据中是唯一的,并且其结构紧凑,具有数值表示。即便是散列了一段明文也只是改变了该段字母之一,那么后续哈希也会生成各种数值。为了寻找散列到相同数值的 2 个不同输入,计算中不可能,所以数据的哈希值可以检验数据的完整性,一般用于快速查找和加密算法。

哈希表是根据设定的哈希函数和处理冲突方法将一组关键字映射到一个有限的地址区间上,并以关键字在地址区间中的象作为记录在表中的存储位置,这种表称为哈希表或散列,所得存储位置称为哈希地址或散列地址。作为线性数据结构与表格和队列等相比,哈希表无疑是查找速度较快的一种。通过将哈希算法应用到任意数量的数据所得到的固定大小的结果。哈希值随着输入数据的变化而产生变化,可用于许多操作,如身份验证和数字签名等。哈希算法是信息存储和查询所用的一项基本技术,它是一种基于哈希(Hash)函数的文件构造方法,可实现对记录的快速随机存取。它把给定的任意长关键字映射为一个固定长度的哈希值,一般用于鉴权、认证、加密和索引等。其主要的优点是运算简单,预处理时间较短,内存消耗低等。

哈希函数是一个数学函数,具有三个特性:其一,其输入可谓任意大小的字符串。其二,它产生固定大小的输出。其三,它能有效计算,对于特定的字符串,在合理的时间内,可以算出哈希函数的输出。这三种特性定义了一般哈希函数,以这个函数为基础,我们可以据此创建数据结构。要使哈希函数达到密码安全,我们要增加三个特性:首先是碰撞阻力,这里的碰撞是指对于两个不同的输入,产生相同的输出。其次是隐秘性,隐秘性保证在我们仅知道哈希函数的输出值时,没有可行的方法算出输入值。最后是谜题友好,如在这个应用中,我们将建立一个搜索谜题,该谜题是一个需要对庞大空间进行搜索,才能找到解决办法的数学问题(无捷径)。

完全的哈希算法(Secure Hash Algorithm256,SHA – 256),也是主要被比特币采用的算法。SHA – 256算法是常用的哈希算法之一,建立一个用于固定长度输入的哈希函数,通过一般方法,就可以将接受固定长度的哈希函数转化为可接受任意长度输入的哈希函数,我们称这个转换过程为MD(Merkle-Damgard)变换。MD的变换过程简易,比如压缩函数带入长度为m的输入值,并产生长度较短的输出值n。哈希函数的输入(可为任意大小)被分为长度为m – n的区块。整体的变换运作过程如下:将每个区块与之前区块的输出一起带入压缩函数,输入的长度则变为(m – n) + n = m,也刚好就是压缩函数的输入长度,对于第一个区块而言,之前没有的区块,我们需要选取一个初始向量。每次调用哈希函数,这个数字都会被再一次使用,而且在实践中,可以直接在标准文档中找到它,最后一个区块的输出就是返回的结果。SHA – 256函数利用了这样的一个压缩函数,这个压缩函数把一个768位的输入压缩成一个256位的输出,每一个区块的大小是512位。与对称加密和非对称加密不同,哈希算法是一种快速收敛的算法,从输入到输出的计算非常快,迅速收敛数值,无须耗费巨大的计算资源,而从输出倒推输入又几乎不可行。基于这样优秀的特性,哈希算法得到广泛的应用,尤其在数字货币领域。

2. 区块链技术

区块链技术作为数字货币的关键技术之一,近年来备受学界和大众关注。纵观全球发展,每一次工业(科技)革命,都解决了不同层面的问题,整体趋势在于从实体走向虚拟,从第一、二次工业革命主导的工业经济走向第三次工业革命主导的信息经济,最终走向未来第四次的数字经济时代。区块链技术是继移动互联网之后计算范式的颠覆式创新,希求实现从信息互联网向价值互联网的转变。以人工智能(AI)、区块链(Blockchain)、云计算(Cloud)、物联网(IoT)为代表的数字科技,将构成未来数字经济的技术基石。

(1)区块链技术起源

区块链技术起源于 20 世纪 70 年代末,名为 Ralph Merkle 的计算机科学家申请了 Merkle 树的专利。这些树是一种计算机科学结构,通过使用加密将区块链接起来,用于存储数据。在 20 世纪 90 年代末,Stuart Haber 和 W. Scott Stornetta 使用 Merkle 树实现了无法篡改文档时间戳的系统。这是区块链历史上的首个实例。2008 年,中本聪(Satoshi Nakamoto)发表《比特币:一种点对点的电子现金系统》(*Bitcoin:A Peer-to-Peer Electronic Cash System*)一文,阐述了基于 P2P 网络技术、加密技术、时间戳技术、区块链技术等的电子现金系统的构架理念,这不仅标志着比特币的诞生,也将学界目光聚焦在区块链技术上。创世区块诞生以及创世区块相连接形成了链,标志着区块链的诞生。

目前学界对区块链技术没有一个清晰统一的概念界定,根据目前的一些区块链平台的关键特征,把符合这些特征的技术架构整合汇总出区块链的定义。从狭义上说,区块链是一种将数据区块按时间序列以一定的次序连接而形成的一种链式数据结构,并以加密方法确保的非篡改、非造假的分布式账本。从广义上来说,区块链技术是一种新型的分布式基础架构和计算方法,它使用块链式数据结构来对数据进行验证和存储,使用分布式节点一致算法来产生和更新数据,使用密码学的方法来确保数据的传送和访问的安全,使用由自动化脚本代码构成的智能合约来对数据进行编程和操纵的一种新型的分布式基础架构和计算方法。区块链技术是一种高级数据库机制,允许在企业网络中透明地共享信息。区块链数据库将数据存储在区块中,而数据库则链接到一个链条中。数据在时间上是一致的,因为在没有网络共识的情况下,个人不能删除或修改链条。因此,个人可以使用区块链技术创建不可改变的分类账,以便跟踪订单、付款、账户和其他交易。系统内置的机制可以阻止未经授权的交易条目并在这些交易的共享视图中创建一致性。区块链本质上是一个去中心化的分布式账本数据库。其本身是一串使用密码学相关联所产生的数据块,每一个数据块中包含了多次比特币网络交易有效确认的信息。

(2)区块链技术特点

在技术层次上,区块链技术(Blockchain)并不是一种单独的技术,它是由密码学、数学、经济学、网络科学等多种技术融合而成的。通过一定的方法,将上述技术结合起来,构成一种新型的去中心化的数据记录与存储体系,并为存储数据的区块链打上时间标签,从而构成一个持续的、前后相关的、可信的数据系统。而区块链的出现,也意味着人们将目光投向了建立一个可信的网络。与目前的情况相分离,可以利用制度约束或第三方机构的信用背书,来直接完成双方的价值交换,这样可以对降低交易费用,提升交易效率起到了很好的效果,同时还可以将交易中的人为干扰因素消除掉,从制度上预防了任何一方的否认。

数据层、网络层、共识层、激励层、合约层以及应用层,是一个完备的区块链体系。该层对下层的数据块进行了封装,并对与之有关的一些重要的数据进行了加密、时标等基本的处理;在网络层上,主要研究了数据的分布机制,数据的分发机制,数据的校验机制等;共识层是对各种不同类型的一致算法及协议进行封装,保证了各节点之间的数据一致性;在奖励层,将各种经济要素融入区块链的技术系统中,其中包括奖励的发放等;合约层则是对各种不同类型的脚本、算法以及智能合同进行封装,这是其可程序化特征的底层;在应用层,对不同类型的区块链进行了详细的分析,并对其进行了详细的分析。区块链的技术架构模型如表 7 所示。

表 7　区块链的技术架构模型

类型	内容
应用层	可编程货币、可编程金融、可编程社会
合约层	脚本代码、算法机制、智能合约
激励层	发行机制、分配机制
共识层	PoW、PoS、DPoS 等
网络层	P2P 网络、传播机制、验证机制
数据层	数据区块、链式结构、时间戳、哈希函数、梅克尔树、非对称加密

区块链具有去中心化、不可篡改、匿名性和全球流通等特点,这些特点使其被广泛应用。作为最根本的特点之一,去中心化是指由于使用分布式核算和存储,区块链体系不存在中心化的硬件或管理机构,因此任意节点的权利和义务都是均等的,使控制权

和决策权从中心化实体(个人、组织或团体)转让给分布式网络。去中心化区块链网络使用透明度来减少对参与者之间取得信任的需要。这些网络还以削弱网络功能性的方式,阻止参与者彼此施加权力或控制。区块链的整个系统是公开的,不加密的数据,任何人都有权查看。通过引入一系列开放、透明的共识机制,区块链可以让网络上的各节点在一个非可信的环境下进行信息交互,将"人"变成了机器,没有人可以干涉。这些资料一经确认后,便会被永久保存在区块链中,如果不能将整个体系的所有节点都掌控在自己手中,那么单一节点的更改将无法生效,所以,区块链的数据非常稳定可靠。因为节点之间的交换按照一定的算法进行,所以它的数据交互是不需要信任的(区块链中的程序规则会自我判定该行为的有效性),所以,在不需要暴露身份的情况下,就可以让对方对自己建立起信任,这对于信用的积累有着极大的好处。区块链的财产,第一个是建立在因特网上,因为互联网的存在,它就能自由流动。在此,因特网可能指的是世界范围内的网络,也可能指的是不同类型的 LAN,因此,区块链的财产可以在世界范围内流动。只要有网络,你就能进行转移,与中央支付相比,全世界范围内的转移费用都很少,例如,最早的时候,比特币的转移费用是 0.0001 BTC,与传统的转移相比,它的到达速度更快。通常都是一到两个人的账户,最多一到两个人的账户。

(3)区块链技术的工作原理

区块链验证与存储数据依托于块链式数据结构,而数据的生成和更新则是通过分布式节点共识算法。以比特币为例,区块链工作原理具体如下:第一步,节点构造新的交易,并将新的交易广播到区块链网络中的其他参与节点。第二步,接收节点对收到的交易进行检验,判断交易是否合法,若合法,则将交易纳入一个新区块中。第三步,全网所有矿工节点(网络中具有对交易打包和验证能力的节点)对上述区块执行共识算法,选取打包节点。第四步,该节点通过共识算法找到满足要求的数字时,将该区块记录的所以带有时间戳的交易进行全网广播。第五步,其他节点通过校验(审核该区块记账的正确性)打包节点的区块,经过数次确认后,将核对无误的区块追加到区块链中。比特币系统的数据结构如图 4 所示。

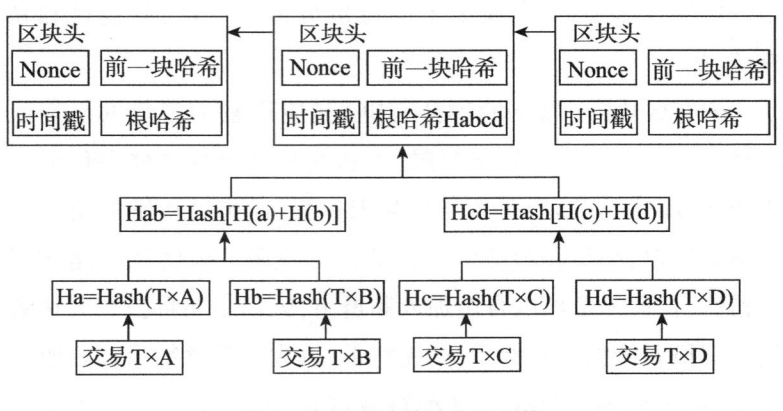

图 4　比特币系统的数据结构

比特币中的交易被组织成为梅克尔树结构,交易均被存储在梅克尔树的叶子节点上,通过两两合并哈希直至得到根节点。根节点的哈希值作为一个区块头的元素,除此之外,区块头还包括时间戳、Nonce 和前一区块哈希值等。Nonce 是矿工完成工作量证明算法时的输入,也是矿工获取奖励的凭证。区块头包含前一区块的哈希值,使每一个区块逻辑上以链的方式串联起来。默克尔树结构可使得在仅有部分节点的情况下,快速验证交易的有效性,并大幅减少节点的存储空间。

(4) 区块链的类型

区块链作为数字经济时代发展的核心技术,对促进生产关系变革起到支撑作用。疫情等不可抗力的发生改变了传统的贸易格局,在这个国际政治、经济利益格局重组的时代,通过区块链技术呈现信用价值,将中国的信用传递给交易过程中的东盟国家、欧美国家。借助区块链技术形成的可信数据记录,实现从信息互联网到价值互联网的过渡,构建新型的互信交易市场环境。区块链根据开放程度不同可以分为公有链、联盟链和私有链。①

公有区块链(以下简称公有链)是应用较为广泛的早期区块链。其特点是不受限于权限,发送交易命令的主体不仅局限于个体,团体也可以,在参与其共识过程,此类区块链的所有成员享有读取、编辑和验证区块链的平等权限。公链特征是访问门槛低,任何人都可以自由加入和退出,人们主要将公有区块链用于交换和挖掘加密货币,如比特币、以太币和莱特币。联盟区块链(以下简称联盟链),又称行业区块链,联盟链的加入和退出是有限制的,需要授权。联盟链只针对特定某个群体的成员和有限的第三方,内部指定多个预选的节点为记账人,每个块的生成由所有的预选节点共同决定,其他接入节点可以参与交易,但不过问记账过程,其他第三方享有通过该区块链开放的 API

---

① 参见王胜寒、郭创新、冯斌等:《区块链技术在电力系统中的应用:前景与思路》,载《电力系统自动化》2020 年 44 卷第 11 期。

进行限定查询的权利。私有区块链(以下简称私有链)私链是指仅仅使用区块链总账技术来进行记账,私链的所有权人具有独享该区块链的写入权限。私链具有交易速度快、安全性能高(数据不会被拥有网络连接的人公开地获得)、管理成本低等特征。公有链是完全去中心化的非许可区块链,私有链和联盟链则是部分去中心化的许可区块链。

(四)法学基础

货币的产生是为了解决物物交换的低效率,推动货币革新的驱动力是货币交易功能效率提升的需求。弗里德曼认为,货币是一种具有公信力的共识,因共识的存在而具有真实性和合理性。数字货币的技术逻辑较为复杂,区块链技术试图解决去中心化交易环境背景下的信用问题,但由于比特币在内的私人数字货币缺乏国家或政府信用支撑,行之有效的立法支撑显得尤为重要。在数字贸易的大背景下,一些国家对数字贸易的规制落后于数字贸易的创新,许多发展中经济体在立法的相关方面仍然落后。过时的法律和监管框架降低了消费者对数字交易的信任。我国相继出台了《个人信息保护法》《网络安全法》《数据安全法》《数据出境安全评估办法》等一系列重要法律法规和政策文件,初步形成了支持和推动数字贸易发展的法律政策体系框架。这些法规有各自的合法政策目标,并不是为了限制数字流动和数字贸易。然而数字货币的相关立法却存在空白。

数字货币需要一个公平、公正且公开的法治环境,在货币发行流通等过程中,保障双方主体的权益。尤其是法定数字货币发行在货币的法偿性、发行主体、形态等方面对现行法律体系提出了新的要求。如数字货币的定性和规则的适用，两者属于私法问题，在国内引发了广泛的讨论。毋庸置疑的是数字货币（包括法定数字货币和私人数字货币）某种程度上具有货币属性，且被交易双方承认。法定数字货币因其有央行信用背书，故其定性争议不大。对于比特币等私人数字货币的定性，立法和司法实践持保守态度，相关意见暂时无法平息数字货币交易引发的争议。针对私人数字货币，2010年的《网络游戏管理暂行办法》第19条第1项限定了网络游戏数字货币的使用范围，禁止其在其他交易中充当货币的功能。此种立场延续到了对比特币等以区块链技术为基础的数字货币中。2013年颁发的《关于防范比特币风险的通知》第1条一方面在公法层面否定了比特币的货币定性；另一方面明确了比特币是虚拟商品。而2017年的《关于防范代币发行融资风险的公告》第1条第2款又一次强调了比特币在我国境内不具备强制法偿性和流通性等货币属性。司法实践中，对于私人数字货币是否具有货币属性的问题，仍没有达成一致的见解。例如，私人数字货币能否充当商品买卖的媒介，持有者受到保护的法律依据是什么，这些问题都没有统一的结论。部分法院对私人数字货币持否定态度，站在私人数字货币不是货币的立场，买卖行为是非法的，因此不受法律保护。相反，在部分典型案例中，法院认可了数字货币买卖合同的效力。个别法官在个案中明确表示，作为合同法上的交易对象，"比特币"等私人数字货币应当具有受到法律保护的民事利益。以对私人数字货币利益保护角度分析，尽管私人数字货币不被法律所承认，但不影响民事主体对私人数字货币行使不当得利返还请求权。法官在司法实践中将私人数字货币视为"网络虚拟商品",作为"网络虚拟商品"的私人数字货币受《民法典》保护。《民法典》第127条规定:"法律对数据、网络虚拟财产的保护有规定的,依照其规定。"

与传统的货币进行比较,数字货币没有实体载体。它的独特之处表现在以下几个方面:货币的发行主体、货币的安全技术保障、使用区域范围、货币的流通基础、交易信息的保密程度等。第一,发债对象不一样。在金融体系方面,我国的传统金融体系主要是中央银行和地区联合组织;与之相比,数字货币的发行者是多元化的,并不局限于国家(国家)的中央银行(国家),私有的数字货币一般都是由开发商来发布和经营的。第二,保全技术上的差异。在以往,钞票大部分都存放在银行,由特种警察护送,运输和流动都是相对安全的。电子银行账户受到了技术的保护,它对账户的安全保障也是非常高的,因此它难以被仿制。此外,银行是进行交易和支付的核心机构,它还担负着维护用户资金安全的职责,当出现了一笔交易的时候,系统也会对其进行判定,然后将其拒绝。但是对于数字货币来说,为了保证账号的安全性,其使用的是不对称的加密算法。而私钥是一个具有独特归属的凭证,它必须由用户自己进行存储和备份,因此,个人的财产将会随着私钥的遗失和忘记随之消失。第三,适用的领域的差别。在我国,货币的用途存在很强的地域特征,一个国家的货币基本上只在自己的国土上进行流通。电子货币的贸易体系是一种基于点对点的、分散的会计处理体系,它天生就是一种世界性的货币,而且它的应用超越了国家的界限。一旦双方同意,就可以在任何地方进行交换。第四,信用流转的信用基础。传统的钱币以国家信用为保证,是一种强制性的货币。数字货币的发行者通常为民间(除了法律上的数字货币),其信用基础基于特殊的算法技术。第五,贸易资料的保密性。在采用传统的货币方式进行交易时,交易员的隐私是不完整的。但是,当他们用数字货币进行交易的时候,并不会知道彼此的身份,他们只会根据自己的支付网络地址进行支付,并且每个人的"数字钱包"的地址都是不确定的,他们可以自己建立一个又一个的账号。

数字货币是无体物,基于传统法律分析,数字货币不成立物权,原告不能基于物权的排他性,请求被告返还,只能基于合同之债请求被告返还。数字货币的持有者与发起平台之间形成债权债务关系。持有者与发起平台之间的法律关系,直接决定债务分配时持有者的参与身份。《民法典》第 1165 条第 1 款是我国侵权责任的一般条款,该条未区分权利与利益,进行一体保护。《民法典》将数字货币视为"虚拟商品",其可适用性略显牵强。从这个出发点入手,研究数字货币的性质和定位也显得顺理成章,能够更好地顺应时代发展,未雨绸缪,抵御数字货币带来的法律风险,避免出现交易过程中权利义务不明确,监管失控等问题。

数字货币的发展必然会对现有法律体系和法律理论带来冲击,传统的通过体系解释、类推适用等法教义学方法,只将新技术带来的问题纳入既有的法学体系之中,并不能切实解决本质问题。构建中国特色数字货币法律规制体系,解决当下数字货币引发的纠纷,刻不容缓。

三、数字货币法律规制的逻辑路径

(一)数字货币的法律属性

上文所述,学界依据发行主体不同将数字货币分为法定数字货币和私人数字货币。学界关于数字货币法律属性学说总体分为两类:一类系货币说,另一类系非货币财产学说。货币说主要基于法定数字货币,主张数字货币属于货币;非货币财产学说主要基于私人数字货币,否认数字货币为货币,主张其属于普通财产,具体可分为商品说、数据说、证券说及虚拟财产说在内的几种代表学说。

经济学家凯恩斯认为,评判货币最重要的标准就是是否具有国家信用背书。法定数字货币被视作一般等价物,并具有法偿性。货币说认为法定数字货币在实质上和法定货币区别不大,两者法律属性一致。其理论基础就是经济学所界定的传统法定货币的四个基本功能,它们分别是价值尺度、支付手段、流通手段及贮藏手段。

对于数字货币有很多学者提出自己的理解,但大多数将数字货币可以行使传统货币的职能作为重点内容。国外有学者认为,数字货币作为传统货币新的表现形式之一,能替代掉当前的货币是一种"虚拟货币",无须通过中央单位发行,是部分使用人的认可,让数字货币有了货币的基本职能。数字货币的出现是为我们提供便利,让货币的基本职能得到发挥,并且利用加密信息让我们对数字货币的安全得到保障,并且实现对特定数字货币网络中加密数字串运行,从本质上来讲这就是信用货币。

在互联网时代和大数据时代背景下,交易双方的交易场所并不局限于线下,时代的变革催生线上交易平台,为数字货币提供线上交易场所。这就导致了交易过程中支付方式的变化,从"线下"支付变成"线上"支付,从现金交易变成"数字货币"交易,从商业银行为媒介的支付变成电子商务平台独立账户的支付,这让电子货币的发展有着极大的空间,也让数字货币的出现成为理所当然。

正确且精准地认识数字货币的性质,是认识数字货币的前提,如果我们无法对数字货币的属性有一个清晰的认知,就无法完全地进行数字化货币的定义,这样就无法进行科学的立法和精准的监管。数字货币的界定模式,各国之间说法不一。参考历史上各大法学派系的理论构成,很容易发现对于虚拟货币的认定最开始在于其实际法律性质的认定上,虚拟货币最纯粹的地方在于其使用价值,而承认使用的是国家还是团体常常众说纷纭,因为除非以美元等世界流通货币作为背书,否则所有的现有虚拟货币所能承载的规模和公信力,根本不足以支撑其在法律上的作用与存在的价值。货币资产在我国司法解释上又属于私有财产,我国《民法典》第 127 条以法律形式明确规定网络虚拟财产为受法律保护的财产类型,这为数字货币的保护提供了民事基本法依据。但是,生活中如何分辨虚拟财产中哪种受到法律保护、哪种又属于无意义的网络衍生品载体,难以判断。例如,一男子在游戏账户中因网络波动造成的财产损失,究竟由谁负责;或者在腾讯游戏中,因玩家在游戏中进行的诈骗行为没有上升到线下,这将如何进行解释,直到现在我国对于虚拟互联网中的财产与账户认定都没有进行明晰的司法解释。所以实名制的产生将经济行为的产生对应到了特定的个体,而数字货币其匿名性又和虚拟货币完全不同,这就造成了我国数字货币的界定困难。[1]

因此,随着实体物数字化特征的显现,"数据流动存在流动性强、不易监管等风险"。[2] 如果我们仍然囿于传统法律上的物的概念,将无法适应经济发展和现实生活的需要。有观点指出,对于数字货币的认识,就像当年对于电力等其他物是否属于物一样面临着困难,《民法典》第 127 条的规定将网络虚拟财产纳入物权客体的范畴,增加了物的种类,丰富了物权客体的内容,是民法关于物的范畴的又一次重大的扩展。[3] 数字货币作为货币的数字化,

---

[1] 参见张名与:《数字货币监管法律问题研究》,载《合作经济与科技》2022 年第 14 期。

[2] 参见张生:《国际投资法制框架下的跨境数据流动:保护、例外和挑战》,载《当代法学》2019 年第 5 期。

[3] 参见杨立新:《民法总则规定网络虚拟财产的含义及重要价值》,载《东方法学》2017 年第 3 期。

应当与实物形式的货币具有相同的法律属性,只不过是以数字化形式呈现的货币而已。目前,学界对私人数字货币的法律属性的界定争议较大,在遵循私人数字货币禁止流通原则的基础上,面对现实交易情况带来的财产权属之争需要一个出口妥善化解。下文主要对非货币财产学说进行简要阐述。

1. 商品说

商品说提倡私人数字货币是商品。从单一商品而言,价值和使用价值是基本属性。由此可见,私人数字货币在某种程度上具备商品的基本属性。以比特币为例,中本聪建立模式中,若干人员按比特币设计规程达到预设目标后,就可以取得新区块记账权成为"矿工",获得部分比特币。"矿工"们为挖掘矿石所花的劳动凝聚着人类无差别劳动和这一劳动中耗费的电力等资源使比特币天然具备价值。而且,比特币因能够满足人们的需要而具有使用价值,挖矿能力(计算能力)越强,挖到的比特币就越多,回报率就越高。国内《关于防范比特币风险的通知》倾向于将私人数字货币界定为商品。① 美国商品期货交易委员会在其监管权限内,面对比特币交易,期货交易法中到底应该定性商品期货还是外币。CFTC 以默示方法认定比特币不是货币,而是"商品"。

2. 数据说

支持数据说的学者们认为,私人数字货币与电子数据有共通之处,本质上类似电子数据,属于具有财产性价值的电子数据,应

---

① 《关于防范比特币风险的通知》第 1 条规定:从性质上看,比特币应当是一种特定的虚拟商品,不具有与货币等同的法律地位,不能且不应作为货币在市场上流通使用。

整体纳入电子数据的范畴予以保护。私人数字货币是依托于区块链技术且基于哈希运算产生的算法货币。支持该学说的学者认为,私人数字货币的本质是电磁记录数据,不属于物和金钱,更不属于知识产权。而私人数字货币可以在网络系统中实现价值的转移和流通,应当将其纳入数据的范畴予以保护。私人数字货币在法律属性上等同于数据的主张,存在较大争议。

3. 证券说

此种学说将私人数字货币等同于电子证券,因为私人数字货币具有价值属性,应当纳入有价证券的范畴之中,受证券监管机关的管控规制。私人数字货币系通过密码学原理之公钥与私钥完成对账户的匿名控制,国内有学者将其类比为电子证券的所有权。① 证券所有权,即证券持有人可以向发行人行使权利,其价值从根本上来源于证券权利。随着科技的进步,纸质证券因其存在遗失,不便携等问题,被电子证券所取而代之,从证券本体形式的转变,也改变了权利的行使方式,由最初的占有和交付转移证券所有权和使用权,变更为持有者输入密码的方式。私人数字货币的证券属性与 ICO(指基于区块链技术向公众发行"加密数字代币",募集主流私人数字货币或资金的一种融资方式)密切相关。初始项目投资者通过向 ICO 项目发起人投资主流私人数字货币(如比特币),获得项目发起人发行的初始代币。通过收到代币,投资者在 ICO 项目的未来发展中拥有投票权并且期待着 ICO 项目所带来的回报。项目发起人取得募集的比特币和其他可直接

---

① 参见张继东编著:《电子商务法》,机械工业出版社 2011 年版,第 204 页。

用作项目工作人员工资报酬的货币可根据主体需要在数字货币交易平台上进行相互兑换。

4. 虚拟财产说

从本质出发，对于私人数字货币是否构成法律意义上的货币，应从社会功能和货币的法律特征进行综合认定。从货币的社会功能出发，传统货币的中心化机制利于监管，而以比特币为代表的私人数字货币由于具有去中心化的特点，使监管存在困难。而且数字货币价格较不稳定，没有价值锚定，未建立数字资产与实物价值之间不可更改的强连接，不具有保值属性；从货币的法律特征出发，多数国家并未通过法律明确肯定私人数字货币的货币地位。我国目前对私人数字货币的货币属性也持否定态度。私人数字货币是物吗？从定义角度分析，物指物品，法律意义上的物是指法律关系主体所支配的，在生产生活中所需要的客观实体。从实体这层概念上加以分析，数字货币存在于虚拟空间，尽管可以发挥物的功能性作用，但并不是严格意义上的物。

学界对私人数字货币法律属性界定的观点不一，争议较大。虚拟财产（也称网络虚拟财产），虚拟财产通常不具有实体，主要的存在形式是电子记录。虚拟财产的价值由群体认同程度所决定，它不同于物，具有虚拟性。虚拟财产和数据虽然都是以二进制字符的形式出现，但是二者的价值来源并不完全一致。资料的价值源于它自身，资料经过加工分析后可以提供财产收益给特定民事主体，也可以提供公共管理价值给政府机关。但虚拟财产的价值不是具象的，取决于群体的主观认同程度，是数据组合构成的有机整体，所以数字货币在区块链网络中，在双方的控制下实现物的价值,满足双方需求。我国《民法典》第 127 条首次以法律形式明确规定网络虚拟财产为受法律保护的财产类型,这为数字货币的保护提供了民事基本法依据。但是从法条分析,其并未对虚拟财产概念进行界定,这种概括性表述并不属于严格意义上的法律规范,它连网络虚拟财产这一概念都没有明确定义,这就给数字货币及其他网络虚拟财产司法保护造成不确定性。我国司法实践中,多数法院将数字货币界定为虚拟财产。在司法判决中,法院在法条的基础上,将虚拟财产的财产属性类推为数字货币的财产属性,更进一步阐述推理理由,就"价值性"以及"可支配性"展开论述,其核心应当是遵从了"法无禁止即可为"的私权行为准则。反观学术界,对私人数字货币是否应当定性为虚拟财产的讨论较多,有待进一步考究。于程远等学者将私人数字货币的法律属性界定为虚拟财产。① 虚拟财产表现形式上的虚拟性和外延上的广泛性可以将私人数字货币包含在内。因而,比特币、以太币在内的私人数字货币作为区块链技术发展的产物,其法律定性势必会与传统货币有所差异。学界将私人数字货币划归虚拟财产的队列中,或许是规制虚拟链上财产的最佳方式。

(二)数字货币的发行

1. 数字货币发行的重要意义

数字货币的诞生是大势所趋,为国际金融市场带来了新的发展机遇。从古至今,商品交易初期没有货币充当媒介,而是互换

---

① 参见于程远:《论民法典中区块链虚拟代币交易的性质》,载《东方法学》2021 年第 4 期。

交易双方所持物品，后发展成用贝壳、贵重金属等交易媒介置换等价物品，最后是以各国或地方信誉为基础流通的纸质货币，并在各国金融市场上成立国际货币基金组织，这一切都是货币发展的必然结果。回溯货币的演变历史，我们可以看到三条基本规律：第一，货币从没有本国资信背书的状态发展到有本国资信背书的状态（从无国家主权的比特币，发展到有国家信用背书的数字货币，就是一个典型例子）。第二，货币的形式从牛羊发展到贝壳、黄金、纸币、电子货币，最后发展到数字货币，它们都能满足货币流通的需要。第三，货币的国际地位日益增大，它们不仅能够改变人类的生活，还能够直接影响世界的经济，从而推动社会的进步。由于前两者的结合，这一点变得更加明显。随着纸质货币的普及，世界形成了国际货币体系，以美元、日元、欧元等强势发达国家信用背书的货币为代表，致使货币不但能够在国内外流动，而且跨越国界，成为全球经济发展的重要支柱。从现在这种情况来看，我们可以预测到，数字货币将会产生巨大的国际影响力。

从成本理论方面来看，数字货币的生产成本更低，这主要是因为它们没有实物支付，而且纸质货币流通过程中最大的问题就是可能存在假币，政府对于伪造假币的行为进行了打击，从研发阶段入手，投入成本，这既增加了生产成本，又无法完全杜绝假币的存在。由于纸币版本的不断更新，金融机构必须采取行动，通过商业银行收回早已过时的旧版货币，以确保流通中货币的安全性和有效性。除了旧纸币，还有一部分纸币在流通使用中存在褶皱、涂改、残缺等现象，这些不再流通的和无法继续使用的纸币必须加以收回、销毁和更换,以确保金融系统的稳定性和可持续发展,这些步骤在纸币时代会是一直需要重复的操作。此外,央行必须采取有效措施,以确保纸币时代的可持续发展,因此,纸质货币在流通过程中也将产生大量的成本,这些成本不容小觑,从货币中央仓库的建立,到银行柜台的设置,再到押钞车押送,都是纸质货币流通的必要步骤,整个流程需要大量的人工成本和管理成本。发行数字货币能够大幅降低流通成本,因为它不需要实体运输,也不会产生褶皱、涂改或残缺的状况。此外,数字货币的伪造也比纸质货币更为不易,政府部门能够透过强化管制等立法有效地严厉打击假冒货币的违法行为。① 另外,数字货币依赖于技术,能够大大提高人工效率,使流通成本大幅降低,同样也能够减少对其他货币的依赖性,从而大大提高流通效率。人工成本的降低将会带来显著的好处。随着数字货币时代的到来,可以预见的是,这些成本将会大幅降低,从而带来更多的便利。

数字货币的发行会对银行业带来冲击,降低银行业的盈利水平,但是,其影响也将产生"鲶鱼"效应,进而影响整个国家的财政绩效。目前,我国的银行系统还没有形成有效的运行机制,这与银行系统缺乏竞争有关。在中国,金融系统以银行业为核心,尽管不同类型的银行存在不同的地位和相互间的竞争,但它们的运作方式大同小异。在商业银行盈利能力较强的情况下,商业银行转型的动力不强。数字货币的发行为社会提供了一种可替代传统货币和金融竞争的金融服务模式,可以迫使金融系统做出改

---

① 参见汤莹玮:《关于央行数字货币的若干思考》,载《金融研究》2017 年第 7 期。

变,从而提高金融系统的资源配置效率。此外,因为央行对电子货币的数据进行了加密,所以对电子货币的数据进行了全面的控制。央行可以通过对数字货币的完全掌控,对金融体系进行精细的管理,同时,由于信息的公开,货币政策也会更加准确和高效。当然,想要做到这一点,还需要有健全的法律规制体系。

2. 数字货币发行面临的问题

未来的央行数字货币将不仅具备传统货币的功能,而且还可以跨越传统货币的界限,对现行的金融机构产生深远的影响。它将增大央行的潜在竞争对手,而不是采取"央行—企业"的二元体系模式,以此来保护公众的利益。企业和央行都应对公众的储蓄存款负有安全性责任,因此,公众在获取实体金融货币后,应当保持实体现金,而不是游离于金融机构以外的其他货币。未来,数字货币发行也将采取二元体系模式,央行也不再为公众设立账户,公众依然可以从企业获取数字货币,但是他们拥有的数字现金形式将转变为存储在数字钱包中,以便更好地保护自身财产安全,同时也可以更好地保护公众的利益。尽管数字现金已经不再受企业的控制,但它们依然受到央行的监管,因为央行发放的全部数字货币都存储在其私有云服务器设备上,以确保其安全性和可靠性。尽管大多数公众缺乏预防数字现金被动经营风险的力量,但央行仍然应该承担责任,将公众的损失降到最低。因此,持有数字现金的公众或许会成为央行的竞争对手。此外,央行与商业银行之间不存在竞争关系,央行以官方金融机构身份,以发行为核心,以行为主,同商业银行之间以政企存款,指导协调及监督检查为主。伴随着数字现金作为央行记账币种,央行和企业内部之间的竞争也日趋激烈。当经济萧条,零利率或者负利息时,公众或许会把现有的储蓄转换为数字现金来避免风险。这将导致企业的现金流出量大幅度增加,金融脱媒加速,货币乘数下降,企业信贷货币创造弱化,从而大大降低社会整体流动性水平。数字货币的出现将对现有的金融管理制度产生重大影响,《存款保险条例》规定,如果一家银行出现经营问题,最高可以向存款人支付50万元的赔偿金。这一规定将对金融市场带来深远的影响,并可能改变金融体系的运行机制。在处理遗产时,超出50万元的部门可以按比例获得补偿。在出现严重金融危机时,拥有巨额金融资产的社会公众能够迅速将其转换为"活期存款",以便将相应经营风险和生产成本直接转移至金融机构,从而避免《存款保险管理条例》对储蓄人自身承受的不利影响。

数字货币是一种基于区块链技术的交易体系,它具有不可追踪、不可篡改的特点,这使得它能够有效地保护用户隐私,从而解决了金融监管与用户隐私之间的矛盾。尽管数字货币具有许多优势,但是当涉及金融监管难题时,政府仍然需要掌握其交易信息,包括交易上下游主体信息、交易物品信息、交易合约等[1],保证数字货币安全,具有可追索性。如果数字货币不能提供可追索的能力,金融监管的困难就会复杂化。因为以数字货币为基础的交易依赖于手机和其中的程序,这使它可能会被追索,从而导致交易信息的泄露。尽管合法的交易不会担心被追索,但是隐私保护和监控机构的监控仍然存在巨大的挑战。

---

[1] 参见沈鑫、裴庆祺、刘雪峰:《区块链技术综述》,载《网络与信息安全学报》2016年第11期。

我们国家在数字货币的推出方面，仍然存在一些不健全的法律和条例，因此，我们必须要有更多的法律和条例对数字货币的推出进行规范。第一，要从法律上予以保障，为推动我国电子货币的发展奠定坚实的法律基础。第二，要理顺各种大型金融组织（以央行、商业银行为主）的职能，构建完整的数字货币与完善的金融系统。第三，制定相关的法律和规章来保护用户的权益，并对侵害他人利益和危害公共安全行为予以惩处。第四，现行的有关打击洗钱的法律规定，存在实施主体、交易主体和消费者不明确等问题，亟待制定和修订。第五，有必要与世界各国共同制定一项关于电子货币的国际标准，以利于将电子货币推向世界。

随着科技的发展，法律法规也在不断创新，以满足未来的需求。然而，数字货币与实物货币有着本质的不同，它们无形无体，全部依赖于网络进行各种应用，因而，现有的立法很难真正适应于数字货币的运行和管理需要，以至或许会产生矛盾和冲突。为此，我国应该加强对数字货币的监管，以确保其正确的使用和发展。现存法律制度的主要问题有以下几个方面：一是数字货币的法律主体地位不明确。《中国人民银行法》第18条规定，"人民币由中国人民银行统一印制、发行。中国人民银行发行新版人民币，应当将发行时间、面额、图案、式样、规格予以公告"。《人民币管理条例》第2条规定，人民币是指中国人民银行依法发行的货币，包括纸币和硬币。然而，由于纯电子化的数字货币根本无法打印制作，也尚无具体的材料媒介和设计，因此，央行数字货币尚未被列入现行的人民币范围。二是数字货币的法偿性实施问题。《中国人民银行法》第16条和《人民币管理条例》第3条都明确规定,任何债权人在任何时候都不得以任何理由拒绝支付人民币偿还债务。这一规定为人民币的法律偿还性提供了坚实的基础。尽管央行数字货币尚未被正式认定为人民币,但它仍然具有司法效用,可以为债务人带来高效的司法保护。此外,由于数字货币的流动需要依赖于终端设备,因此债权人或许缺乏足够的设施或技能来使用数字货币,这些情况下我国央行数字货币的权威性很难保证。三是反假币问题。鉴于《中国人民银行法》和《人民币管理条例》等相关法律的出台,明确国内央行数字币种的法偿地位获得了有效的保护,但是反假币现象仍然存在,因此,根据法律规定,商业银行在出现假钞时,必须采取当面收缴假冒人民币,并加封"假钞"的戳记等反假币合法步骤,以确保数字币种的安全性和有效性。显而易见,假冒实体人民币的手段不能用于假冒数字货币,而且传统的反假币法规也不能有效地阻止这种行为。

数字货币支付作为一种新兴的金融形式,在推广过程中面临着国民接受度的挑战。由于数字货币支付是一种全新的货币体系,现有体制下的规定或许不能适用于数字货币支付,因此用户需要重新学习和理解这一系统,这或许会给他们带来一些麻烦,甚至会引发抵触情绪。① 随着科技的发展,国内外线上付款系统也已取得了长足的进步,企业的网上银行业务为汇款带来了便捷的服务方式,而支付宝和微信等两大线上付款网络平台也为日常生活贸易带来了更加便捷的支持。尽管目前的商业系统早已可以适应当前的金融,但是如果没有数字货币支付的出现,消费者

---

① 参见庄雷、赵成国:《区块链技术创新下数字货币的演化研究:理论与框架》,载《经济学家》2017 年第 5 期。

就会失去应用它们的能力。因此,要想让数字货币得到更广泛的推广,就必须考虑它有无现有金融体系没有的优势,以及它能够吸引人们的特点。①

针对上述问题,需做出相应的应对政策。一是加速推出我国数字货币法律法规,阐明了数字货币的法定地位和各金融机构的责任,并对数字货币在我国的推广提出了相应建议。二是要加快数字货币基础设施的建设,确保数字货币能够应用到全国各地。三是扩大数字货币经营范围,使其更好地为公众提供优良金融服务。四是积极建构以数字货币为基础的国际条约以促进构造一个公平、公正的数字货币国际金融体系。

(三) 数字货币的流通

中国央行推出数字货币,是意义重大的国家工程和巨大的社会工程,同时也面临着诸多挑战。中国有着广袤的国土、巨大的国民经济体量,以及不同地区的经济发展水平和公民素养差异,这些都是数字货币流通环境建设的挑战。中国推广数字金融货币的过程中,面临着许多挑战。首先,传统银行业金融机构成本提高。针对这些挑战,中国采取了"央行—企业"的二元体制模式。我们的每个业务网点都必须对应更新软件及硬件设施,并设立专业部分或配置专业人员来进行数字货币存取业务。这些改变要求终端设备的技术支持和相应的技术门槛条件。此外,我们也会持续开展人民币存取业务。在央行引入数字货币的背景下,

---

① 参见何蒲、于戈、张岩峰、鲍玉斌:《区块链技术与应用前瞻综述》,载《计算机科学》2017 年第 4 期。

传统银行业金融机构在缺乏有效监管政策的情况下运营成本将会显著上升。其次,终端环境建设难。由于终端环境建设的复杂性,社会公众使用数字货币的主要渠道仍然是移动终端设备。随着科技的发展,智能手机越来越成为数字货币移动终端设备的首选。根据中国互联网络信息中心发布的数据显示,我国手机网民的总量现已超过六亿五千万人,这一数字令人惊叹。尽管我国手机网民已经接近半数,但仍有大量人口没有手机或者只有一部分拥有手机,所以想要使大部分社会公众都有一个数字货币移动终端还有待进一步的努力与投入。此外,中小企业和商家也必须配备相关的软硬件设施,并进行员工技术培训,以提高数字货币的接受程度,达到"边际成本趋零,边际效益提高"的效果,避免对数字货币接收端口建设产生负面影响。最后,应用场景配套建设难。对于这样一个艰巨的工程,一旦没有足够的应用场景支撑,公众就无法在交易过程中使用数字货币,对数字货币的推广和使用产生巨大影响,甚至可能导致大量的数字货币被转移到商业银行的数字货币银行库中,而不是在使用传统货币的时借助第三方支付软件。这将会导致一定量的数字货币回流,背离央行推广的初衷。

随着技术的进步,数字货币成为一种全新的货币形式,其发行和流通需要一个可靠的载体。目前,我国数字货币的载体主要是手机客户端,而数字货币的交易则需要手机的全面应用和移动网络的广泛应用,因此,在没有互联网的地方,数字货币的交易将受到限制,亦丧失其载体功能。与此同时,我国所发行数字货币的强制力也决定了买方和卖方都要接受此种支付方式而非拒付。

如果没有数字货币作为支付手段,那么这种约束力将会遭到严重的冲击①,从而影响双方的经济利益。在偏远地区和部分老年人群体中,数字货币的普及使用或许会受到限制。因此,设备覆盖是实现数字货币普及的关键,否则它将无法被广泛应用。

将来,中央银行的数字货币将成为一种合法的、象征着一国的信誉,它将具备安全存储、安全交易和安全流通的特点(以下简称三安),而这对于技术系统的要求也将变得极其严苛,亟待解决的关键问题有:一是从线上到线下,从云计算到线上,都要确保三安。中央银行的云计算中心对每一个持有电子货币的人都是公开的,这也就意味着,黑客们可以更快地通过云计算中心来攻击中央银行。例如,孟加拉国中央银行在2016年2月遭人入侵,造成8100美元的亏损。这些黑客通过操纵孟加拉国中央银行的用户电脑,并以此来窃取钱财。而在此基础上,对电子货币离线后的"三安"问题也提出了更高的要求。二是交易量不足。想要进入主流市场,必须要有很高的并行性,这是一个非常高的速度,而且在某些特定的时刻,会产生巨大的交易量。例如,2014年、2015年、2016年三个"十一"期间,支付宝每秒最高交易数据量达到38,500笔/秒,85,900笔/秒,120,000万笔/秒。因此,在将来,中央银行的数字货币体系中,每秒钟必须要有10万次以上的交易,才能保证庞大的数字货币体系的稳定。但是,中国央行却对当前备受瞩目的区块链技术持谨慎的立场,原因在于,当前的公有链、私有链和联盟链结构,都不能适应国内网上支付的需要。举个例

---

① 参见陈雨露、边卫红:《电子货币发展与中央银行面临的风险分析》,载《国际金融研究》2002年第1期。

子,一条比特币的区块链,6.67次/秒,每一条信息都要经过6个区块的验证,每一条信息都要经过10分钟的验证。三是可扩充的体系。数字货币发展初期流通范围较窄,但是,在使用的范围越来越广之后,流通范围不会局限在银行和私人间,它一定会在以交易所为代表的信用中介机构以及其他社会机构之间流转,促进全社会的金融运作效率。此外,随着中国人民银行在全球范围内的广泛使用,还将面临着与其他国家的合法数字货币的交换,这些都对中国人民银行的数字中心体系结构提出了很高的要求,并为其提供了很好的可扩充框架,以适应将来的实际需求。

法律应当明确规定大数据交易所的安全责任,积极采取措施利用知识产权和合同制度,并且要谨慎地实施反不正当竞争制度,以确保数据交易的安全性。为了确保数字货币取得和交易的合法性,还应当明确"数字钱包"、存储机制的规定,明确数字货币的身份属性,注意与个人信息保护法律规范全方位的协调。

在设计数字货币时,应当充分考虑国际市场上最新的数字货币研究成果,并结合人民币的发行流通体系管理架构以及手段、机构设置和规范三个层面的协调性一致,以保证数据币种的安全和灵活多样,同样也要适合我国的国情。首先,要充分利用已有的技术手段,保证数字货币信息基础建设的安全和高效性。其次,在机制设计上,要紧密结合人民币发行流通机制,提升机制操作灵活和可拓展性,研究出适合数字货币规律的发行流通管理机制和政策措施工具体系,以促进数字货币的发展和普及。除此之外,"均一化"的管理工作应当遵照与中国传统人民币一体化的原则,以保证相关法律的有效执行。

数字货币的发放流通体系已经大大改变了传统纸币的设计,从金融机构发放货币到企业的银行库,再由企业通过面对整个社会进行数字货币金融服务,运输和管理模式也发生了巨大变化,从物理运输转变为电子传输,从央行开发库和银行业务部门的营业库转变为云计算空间,使数字货币的安全性和可靠性获得了极大的提升。由于数字货币技术的使用,它的安全和效率获得了显著提升。在现实应用中,数字货币体系能够分成根据账号的两类,也能够分级使用,共处于同一体系中,从而更好地满足用户的需求。

数字货币的信息安全保障将借鉴加密货币的思想,使用更加先进的记录方法,以及基于信息安全芯片载体的方法,来实现更加安全可靠的交易方式,进而保证环境的稳定性和信息安全。为了更好地推广数字货币,我们可以使用分级支持的轻量级软件钱包。此外,我们还可以利用各种信息技术手段,如秘密方法,来防止数字货币被篡改,进而保证数字货币的信息安全。数字货币的匿名性应该是可控的,即在法律许可的范围内可以追溯。这样做是为了遵守《宪法》的要求,保障正常的私人财物不受侵害。与纸币支付一样,数字货币也应该重视匿名性,但社会安全和秩序是至关重要的,因此,在法律和技术条件许可的前提下,数字货币必须采取一定的审查措施,以保证其可控匿名性。为此,数字货币应当在保障个人隐私和打击违法犯罪行为之间取得平衡,以保证其安全性和可持续发展。

根据最初构想,数字货币的应用场景不但要涵盖传统纸币的现场上线下贸易,而且还要大大超越传统纸币,特别是在网络上的运用。为此,操作系统将开发出规范的 API,以实现线上和线下付款的无缝衔接,以线上付款为先,同样也支持小额线下贸易,以适应不同经济发展形态和付款贸易情景的需求。

(四)数字货币的监管

1. 数字货币监管原则

(1)包容性监管原则

包容性金融监管原则涵盖了多种方式,包括柔性、适度性和差别化金融监管。数字货币进行监管的过程中贯彻包容性监管原则,要求国家在构建数字货币法律监管体系的过程中要考虑社会现实,做到柔性监管、充分激发市场自我调节能力,适度监管,考虑数字货币的多元化属性,做到差异化监管,寻求法律强制与行政疏导的平衡点。[①] 柔性监管部门在规范数字货币时,必须强调金融机构安全性与金融服务有效性的辩证一致性,以保障金融机构安全性为目标,因此,监管机构有必要采取禁止性监管措施,以确保数字货币的安全性和有效性。在禁止的同时,要做好善后工作。比如,人们私下进行的虚拟货币交易行为屡禁不止,交易所涉及的财产权益何去何从,不能单纯以"交易不合法"为由达到拨乱反正的效果,还要形成合理的解决路径,以维护交易者的合法财产权益。适度监管原则是政府管理和监管社会经济活动的重要原则。以明确监管主体和职责划分为基础,遵循适度监管原则,保护公共利益和市场秩序,促进金融市场发展。差别化监管

---

① 参见林慰曾:《数字货币的监管困境与法律出路》,载《上海立信会计金融学院学报》2018 年第 2 期。

属于统筹式的监管方法,将现代管理理念与多种思维和目的相互融合,其突出了在金融环境和市场主体中存在的差别,从而更好地适应不同的市场需要。在对数字货币的法律监管展开顶层设计的时候,要充分考虑到不同类型、不同功能的数字货币的特殊特点和不同的应用场景,从而制定出相应的监管策略。

(2)数字货币法律属性多元化原则

针对数字货币的法律属性,理论界中主要有商品说、数据说、证券说、虚拟财产说几种观点。例如,齐爱民和张哲主张"虚拟财产说",将数字货币的法律属性界定为能够为人们所控制并能满足其生产生活需要的虚拟财产。柯达则认为部分证券型代币如以太币具有证券属性,而部分支付型代币诸如比特币的证券属性则不确定。杨延超持"数字货币新货币说",是在原有数字货币学说的基础上产生的新学说,认为数字货币具有货币的本质特征,同时又由于其区别于传统实物货币的信用架构方式而具有新的特征,属于"新货币"。

因此,对数字货币进行全方位的监管,不能仅仅着眼于数字货币众多特征的其中之一,应当多方面考虑,兼顾多元属性。

从宏观层面分析,数字货币具备"钱币"的性质,是因为它作为一种"钱币"在实际生活中起着"钱币"作用,同时也是一种"钱币"的"钱币"。政治经济学理论层面分析,"商品货币认同感"是基于一种固定的等价物,它可以满足特定区域内用户的需求,而"商品货币"则是一种特殊的商品,它可以用来购买其他商品或服务,这样一来,"商品货币认同感"就具有了商品货币的属性。回到目前的数字货币,在工作量证明、权益证明等基础上,它得到了特定的社会主体的普遍认可，持有者可以将自己手中的数字货币与他人进行交易，而供应商也可以将自己手中的数据卖给他人，从而获得自己想要的数据，在一定程度上，数据就像是一种普通的等价物，而数据本身就是一种"货币认同"，所以，数据本身就具备了一种货币的特性。

从支付手段功能上看，数字货币可以在不同主体之间支付，具备一定的货币属性，由此引申，数字货币的属性是相对的，其证券属性归根结底是因为价值波动。虽然"点对点的电子现金系统"最初的目的是满足投资者的需求，但随着比特币等数码货币价值的不断上涨，越来越多的人开始投入这些钱币，并且在二级金融市场中使用也具备一定的获利性和风险性。首次代币发售的形式，表明了数字货币的融资功能，比特币价值直线上升，交易价格差也随之攀升。数字货币的交易行为由其货币属性所决定，这些现象都验证数字货币有巨大的投资空间。

在基于法律关系的交易过程中，一方当事人以一定数额的法币来获得特定的数字货币的专有权利，也可以将其视为契约的标的，如果其储存在特定系统中，以电子形式存在，并受《民法典》及其他相关法律的保护，则其也就具备了虚拟财产的性质。因此，数字货币的法律属性不能一以概之，国家发行的法定数字货币具有法定货币属性，对于虚拟数字货币来说，其作为虚拟财产，可以达到保护交易者的目的。未来随着数字货币的进一步发展，根据其适用情形，可能会被赋予其他法律性质，宜多元考虑。

要展开差别化监管，必须要对数字货币的法律属性的多元化作出清晰的认识，这是在不同的适用环境下，对具有不同作用的数字货币展开区别监管,这是坚持差别化监管的必然结果。要对数字货币多元化的法律属性展开清晰的认识,深入分析数字货币所处的情形,不同的监管主体行使不同的监管职责,这样既能够理清各个监管主体之间的权责关系,又能够在数字货币适用现状的基础上,构建起一个全面的监管体系。

(3)行政监管与行业自律相结合原则

数字货币的相关立法存在一定缺口,现有的少数法律法规之间也有相互矛盾的地方。所以,在很长的一段时间内,一套内容齐备且完善的数字货币法律规制体系难以建立。目前,最有效的方式就是制定一套行之有效的行业规范,行业规范或可在某种程度上弥补立法空白。科学合理的监管方案、灵活调整的方法、长期持续的监管周期以及个体差异化的政策和辅助措施都是确保数字货币市场监管有效的重要因素。数字货币的底层技术之一是区块链技术,归属于网络技术,因此监管必须要有熟知相关网络技术的专业人才。但是,在目前这个阶段,技术型人才的行业集中和人才短缺的问题,都给监管主体造成了很大的难度和很大的压力。相对于监管机构专业人才缺乏的困境,可以主张数字货币行业协会自我监督,因为协会的内部成员大多了解行业现状,其中也不缺乏一些专业性网络人才,能够更有针对性地开展监管工作,不仅为营造绿色清朗的交易环境贡献力量,而且缓解来自行政主体的监管工作压力。

(4)金融消费者权益保护原则

数字货币的币值波动相对较大,且长期保持增长态势,数字货币币值上涨所带来的巨额利润可能会鼓励部分金融消费者盲目投资数字货币,数币的数量大幅度增长会影响公众的价值观念,数币市场出现乱象,从而产生恶性循环。数字货币大多以复杂的区块链技术为基础,大部分的金融消费者只注重眼前的利益,对数字货币投资之前,并未详细了解行业现状和技术规则,这样很可能会因为缺少相关的技术方面的知识,从而造成对风险的错误判断,从而造成巨大的损失。除此之外,在整个数字货币交易过程中,根据合同的相对性原则,交易双方通常为平台和消费者,相对而言,从获取信息的及时性,再到对交易风险的判断,消费者更显劣势。除了这些因素外,数字货币侵权案件层出不穷,现行法律法规的空缺,致使消费者不能及时得到救济。而且,金融消费者权益保护的问题是维护金融市场稳定和社会和谐的关键,因此在监管数字货币时必须坚持金融消费者权益保护这一原则。这不仅有助于激发市场活力,此举措还有利于维护金融市场稳定。

2. 明确数字货币法律监管主体及职责划分

当前,我国正处在一种多元混合监管的状况之下,在监管主体之间的权力边界有待确认,这很可能会造成一种监管空白,使我国很难真正地对数字货币进行有效的监管。所以,在建立数字货币法律监管体系的过程中,需要对各个监管主体之间的权责关系进行更深层次的界定,并制定出一份权责清单。在此基础上,按照数字货币的法律属性以及它的具体应用场景,对各种监管主体之间的监管责任展开精确的划分,从而推进数字货币监管从"多元化混合监管"到"专属性监管"的转变,这样才能从监管层面上构建一个相对完善的数字货币监管体系,从而对数字货币展开更高效的监管。

从数字货币的多元化属性出发,针对数字货币的多元化属性,央行和证监会应当分别对其进行专属监管,以确保其安全性和有效性。1999年《中国人民银行法》颁布,确定央行制定和执行货币政策,防范和化解金融风险,维护金融市场稳定。对于数字货币,央行负责监管其流通过程,并将其作为支付结算工具,以确保其安全性和有效性。同时,央行也是我国数字人民币的发行机构,负责发行和管理数字人民币,以确保其安全性和有效性。随着对数字货币的认知越来越深入,央行应当加强对数字货币的监管,以确保其货币属性得到充分发挥,同时也要求监管效率和专业性。此外,证监会也应当加强对数字货币投资行为的监管,可以在证监会下设专门的机构,如数字货币交易委员会等,以确保数字货币交易行为的合法性和有效性。中国证券监督管理委员会是对具有高风险、高收益以及具有一定投机性质的证券期货产品和市场进行监督管理的部门。数字货币正因为具备风险高、利润高、投机性等特点,中国证券监督管理委员会设立数字货币交易委员会开展监管工作,是最有效的监管方式,证监会联合央行共同监管数字交易委员会。首先,从监管意义出发,央行和证监会对数字货币的监管是为了维护金融市场的稳定。数字货币的快速发展可能给金融市场带来不确定性和风险。通过监管,央行和证监会可以制定相关政策和措施,防止数字货币市场的盲目炒作和过度波动,保持金融市场的平稳运行。其次,从保护投资者权益角度出发,央行和证监会对数字货币的监管也是为了保护投资者的权益。数字货币市场的不稳定性和透明度较低,容易导致投资者受到欺诈和损失。通过监管,央行和证监会可以确保数字货币市场的透明度和公平性,提供一个安全的投资环境,保护投资者的合法权益。再次,从监管方案与调整方法出发,为了有效监管数字货币市场,央行和证监会需要制定科学合理的监管方案并不断进行调整。他们可以通过建立合适的监管机构、制定适当的监管标准和政策,对数字货币市场进行有效的管控。此外,央行和证监会还需要与监管对象进行密切合作,采用灵活的调整方法,及时响应市场变化,并不断完善监管体系。最后,考虑时间周期与个体差异,监管数字货币市场是一个长期的过程,需要专门机构,央行和证监会可以保证长期持续地进行监测和管理。数字货币市场的风险和机遇会随着时间的推移而发生变化,因此央行和证监会需要根据数字货币市场的实际情况和发展态势,调整监管策略和政策。此外,由于不同数字货币的差异性,央行和证监会还需要针对不同的数字货币提供个体化的监管政策和措施。而且,建立数字货币市场的监管框架,需要依托于技术手段和监管工具。央行和证监会可以利用信息披露、风险评估、监管合规等辅助措施,加强对数字货币市场的监管,提高监管的有效性和效率。

3. 制定全方位的数字货币监管法律法规

就数字货币而言,现存监管相关法律法规效力低下、内容杂糅,导致司法实践中司法行政主体对数字货币案件无所适从。所以,要想对数字货币进行有效的监管,就必须对其进行强化,监管机构建立有效的法律框架。为此,应从如下几个方面着手:

第一,根据数字货币的应用状况以及我国的国情,根据数字货币的多种法律性质,分别对其应用情况进行相应的规定,同时,在制定关于数字货币的法律监督方法的时候,也要结合目前国内的情况,尽量防止因为法律监督方法的不足而造成的"束之高阁",或者因为法律监督方法的不足而造成的规范性文件的不稳定,因此,关于数字货币监督方法的制定,可以从各部门或者各地区的规章开始,通过不断地总结和改进,逐渐将其转化为行政管理方法,同时,也可以选择金融中心地区作为试点城市,评估效果,将管理办法推广至更多城市。

第二,应该在立法上对数字货币的监管进行细化,明确各部门的职责和权限,并在规定的基础上,限定各部门的权限和权限,避免各部门的权限被过度使用。当前,我们还处在一个多元化混合监管的状况下,在不同的监管主体之间,它们的权限边界是不明确的,很可能会造成一种监管的空白。所以,在建立数字货币的法律监管体系时,应当考虑数字货币行业的日新月异,因此监管机构需要及时调整监管政策和措施。这就需要全面分析数字货币行业结构,对各个监管主体之间的权责关系进行更深层次的理清。同时,还需要与市场参与者保持沟通与对话,听取各方的意见和建议,以便及时进行调整和改进。尤其在数字货币监管的过程中,科普型方案、时间周期、个体差异、辅助措施、调整方法都需要全面分析数字货币行业结构,只有这样,才能够有效地管理和监督数字货币市场,促进数字货币行业的健康发展。

第三,确保数字货币法律体系和中国特色社会主义法律体系之间的协调性,我们必须在制定"分散式"的立法基础上,加强审查现有相关法律规范性文件,避免出现冲突,与现行法律体系保持一致,以免出现法律适用上的混乱。建立一套完整的关于数字货币的法规并不具备足够的时机,在对其进行"分散式"立法的基础上,在制定与此有关的法规时,既要注意各个法规的协调,又要注意与国家现行法规的衔接,以免由于法规的矛盾造成法律适用上的困惑。

4. 建立金融消费者权益保护机制

(1) 建立交易平台风险评估机制

作为数字货币交易行为的提供者,平台应当防患于未然,建立数字货币交易风险评估机制,其一,评估交易对象的风险等级,依据数字货币的各个币种波动性,将其分为各种程度的危险级别,以便在选择某种数字货币理财产品时,能够清晰地将投资者的承担水平与商品的危险级别加以比较,从而避免消费者的盲目投资现象,将经济损失风险降至最低。其二,为了确保数字货币交易平台的安全性,必须构建一套完善的经营风险考核管理机制,以便对服务的数据币种实行风险等级评价,并且依据金融服务客户的承担水平,为其区分出不同程度的经营风险耐受级别。因此,在建立评价体系的时候,数字货币交易平台可以参考支付宝等股票交易平台,根据客户的金融基础知识水平、资产状况、金融机构根据数字货币的波动性,对客户进行分类,在客户选择数字货币金融产品时,评估风险,不同客户匹配不同产品,并给客户一个明确的解释,这样就可以避免客户的盲目投资。

(2) 设置金融消费者准入门槛

在中国,大多数的数字货币投资者并不是因为他们对数字货币的价值有很高的认识,而是因为他们受到了高利润的诱惑,才会作出这样的冒险决策。在数字货币领域,大部分的金融客户都是金融投机者,这种盲目的投机行为可能会给数字货币市场带来更多泡沫,增加消费者损失的风险。

因为没有相关的理财知识,也没有相关的风险认知,所以,对于风险的耐受性比较低,当数字货币的价格出现大幅变动时,很可能会出现一些不合理的举动,所以在整个数字货币交易过程中,为了保障交易双方的资产安全,需要设定一个进入的门槛,利用一个平台上的风险评价机制来区分是专业还是业余,同时,把一些价格变动比较大的增值币或者股票,如比特币、以太币等,限定为专业投资者,而泰达币等价格比较平稳,把其投放范围变宽,不仅局限在专业投资者。针对整个交易环节也要具备一定的前瞻性,及时改变适用行业的变化。随着投资者经验的增加,数字货币交易平台可以适当考虑提升投资者的投资等级,等级是否改变由风险接受级别的再评价结果决定。

(3)引入平台过错推定责任

由于数据货币对于基础技术的高度依赖,使数据货币的存储、交易等活动都需要借助数据货币平台进行,而数据货币平台又是一个交易中心,如果数据货币平台被攻击,将给用户造成极大的经济损失,所以,平台在提供数据服务的前提下,有必要履行维护用户正当权利的职责,提高平台系统的安全性,防范黑客的攻击,构筑用户权利的"防火墙"和用户权益的"保护伞"。

在开发数字货币之前,应该重视顶层规划和系统影响研究,并采取精益方法论,紧密聚焦特定场景和特定领域,如国民经济、金融服务、经济社会等,以敏捷的方式反馈评价,调整迭代,价值明确,开拓资源优势,健全开发交易结构和机制,打造便利的金融服务,为社会带来更多的福祉。我们应当从以下几个问题入手。

一是高度关注其对金融体系的影响,应该密切注意它的发展趋势,发挥数字货币正效用的同时防范潜在风险。由于深入探索开发流动机理,数字货币未来前景会越来越广阔。为了防范潜在风险,我们需要具有忧患意识,时刻关注数字货币的行业现状及对金融机构产生的负面影响,包括商业银行储蓄脱媒和某些金融资产转换异常加速等现状。通过监测和测量,我们可以更好地了解数字货币的发展情况,并采取相应的措施来应对这些问题。通过及时调整管理机制,减少不利因素,确保金融机构的稳定性。

二是加强对数字货币的作用,提高其运行精度。随着数字货币的出现,央行可以更加精确地监控基本物资的流动状况,从而有效地改善货币政策制定的准确性。这将大大提高央行对钱币供给及其构成、流动方式、货币乘数、时间分配等问题的计算能力,从而有效地改善央行退出后的货币流通状况。毫无疑问,我们一方面要加强理论建模;另一方面通过实证研究探寻背后的运作逻辑,力求稳定市场。

随着全球经济一体化的发展,数字货币成为一种通过互联网发布流动的数码币种,更加易于实现"迈出国门",因此,我们应该积极推动数字货币与他人数字货币的衔接研发,以满足人民币全球化的战略需求。这就提出了两个关键问题:一是电子货币在世界范围内的普及。二是怎样才能使我们的电子货币与世界各国的电子货币进行可交换?为此,我们需要从长远角度出发,在现有货币国际化的成功实践的基础上,结合数字货币境外使用的技术条件,制定数字货币走向国际的适用标准,实现数字货币国际化的发展战略,是我国央行数字货币研究与开发小组今后工作的重点。

数字钱币的推广应该坚持将法律规定和需求相结合。作为一种法定货币,它可以被强制性采用,不能以不满足条件为由,随意拒绝。为了更好地支撑数字货币的发展,我们必须建立一个信息技术支持网络平台,以便接受和传递数字货币。但是,我们不要因为数字货币是强制性应用的,就漠视市场经济规则,而应该遵循现代交易的发展趋势,关注需求,提供充分的技术支撑,确保数字货币具备安全条件,提升社会对数字货币交易的接受程度。

中国人口众多,体量庞大,所以,数字货币的推广应当采取循序逐渐的方式,先在通过特定的交易场所小范围内进行推广,通过大量实践,总结有益经验,纠正失败模型,再逐渐推入国家,以期让数字货币走向社会。随着时间的推移,数字货币和资金之间关系也会变得微妙。资金的交易成本远远高于数字货币交易成本,如取现或提现可能会收取费用。为了鼓励更多人利用数字货币,政府需要制定相应的激励机制。

中国人民商业银行还在积极推动数字货币的发展,这是一个很复杂的工程,要求我们以开放、宽容的态度,充分利用我国金融科技发展的最新理念、最新知识和最新技术,制定出一套完善的数字货币实施路线图,以期为我国金融经济的发展提供更多的支持和帮助。

四、数字货币法律规制的域外借鉴

数字货币的出现彻底改变了传统的钱币发展模式,它不仅使流通和应用更为便捷,而且可以以端口为单位进行网上买卖,大大降低了钱币的流通成本,充分体现了数字货币的无形性特征的优势。互联网时代,数字货币已经跨越了地域和民族的界限,实现了全球性的流通,体现出数字货币的普及性和可持续性。为了进一步提高数字货币的安全系数,设定了领先的指纹鉴别和密码管理系统,数字货币在流通过程中的安全性,在高科技的辅助下得以保障,是发展的必然结果。①

数字货币的发展现状,可以从两个层面分析,一方面,数字货币在整个流通过程中成本低于实体

---

① 参见赵燕萍:《央行数字货币发展现状和前景分析》,载《海南金融》202年第4期。

货币,在支付手段上更加便捷,不局限于线下交易,尤其是在跨境支付过程中,优势十分明显;另一方面,数字货币在发展过程中应当具备相对成熟且专业的信息网络技术,技术不成熟或存在漏洞,会增加流通风险,造成交易双方资金利益损失。道阻且长,行则将至,数字货币的研发和流通是大势所趋,我们应当具有前瞻性。

由于数字货币的普及,多方面的限制使其普及遭到阻挠。安全、信任性等方面已成中国必须关注的重要原因,这些原因或许会对传统货币体制形成挑战,从而干扰中国央行的宏观调控。由于数字货币的普及,它可能会对发展中国家经济增长带来重大负面影响,并在经济社会过程中带来不安定因子。此外,由于网上存有隐患,数字货币在计算机网络平台上运行时,容易遭到黑客攻击者,从而给中国经济增长带来潜在的风险。伴随时光的推移,中国对数字货币存在的风险情况日益重视,并加强了监控力量。以比特币为例,由于我国法律规定其不受国家保护,这表明数字货币的开发遭到了一定程度的限制。

中国数字货币前景十分光明,但仍必须继续努力应对挑战,充分利用其优势,为社会经济发展提供积极推动力,以期实现数字货币的可持续发展。随着未来央行数字货币发行,传统货币体系会发生巨大变化,并且正在逐渐被数字货币所取代。央行推出的数字货币不仅大大提高了货币流动的速度,而且作为货币交易市场的主要力量,我们可以利用智能协议有效控制信贷的用途,从而有效地维护资金体系的稳定性。随着技术的不断发展,央行数字货币可能成为未来金融市场的主流,它可以更加精准地投放贷款，同时也为金融体系带来了更多的安全性和科学性。为此，金融监管机构应当加大力度，制定"相同行为、相同监管"原则，以确保数字货币的安全发行和应用，减少金融风险的发生。从监管层面，科学规划监管工作，制定符合本土行业现状的监管标准，通过监管，可以维护金融市场的稳定，保护投资者的权益。在未来，数字货币领域可以通过发展以保持其生态的均衡和稳定性，建立数字货币应用体系，扩展衍生金融业务，并提高数字货币的市场份额。国家应该积极探索一个完善的生态环境。在大大降低发行成本的基石上，应该寻求更优秀的策略，以获得更多的用户，并使数字货币的覆盖面不断扩大。面对数字货币的发展热潮，各国有不同的发展节奏及独特道路，我们在构建数字货币体系时要全面了解国际研究动态，为我们的发展提供思路、经验和警示，同时也要坚定自身的节奏，不随波逐流，确保数字货币的高质量发展。同时，中国数字货币研究所应该对央行数字货币的开发和使用加以深入分析，继续利用新科技，开发出更利于数字货币开发的应用方法，优化技术应用路径，以期推动各种技术架构的研发。随着数字货币在中国的发展，科技的支撑变得越来越重要，因此，我们必须不断研发出能够有效支持数字货币发行的科技，并且扩大科技的边界，以促进数字货币的可持续发展。

　　对数字货币采取比较温和态度的代表国家包括欧美等地，在这些具有温和态度的国家中，他们支持数币的发展，通过明文规定其具备合法地位，公众在法律法规允许的条件下可以自行开展经营活动和融资活动，由于数字货币的广泛应用，大量的实践案例，推动监管机制逐步成熟。分析国外的制度优势，并结合本国国情,有利于数字货币的长足发展。在众多可以借鉴的制度中,具体有如下三个方面。

(一) 建立数字货币客户尽职调查制度

"客户尽职调查"是一项重要的金融服务规范,这一概念最早是由巴塞尔银行监管委员会在 2001 年 10 月颁布的《银行客户尽职调查》中提出的,它旨在通过商业银行客户尽职调查,确保互联网金融机构在与顾客确立服务伙伴关系、开展商品交易时,能够准确识别顾客的真正身份,并且能够依据顾客的有效性身份证件或他人身份证明文书,包括顾客的主要职业状况或运营相关背景、贸易目的、贸易特性及其资金等信息内容,为顾客提供更加可靠的服务。在"客户身份识别"这一概念被引入和普及之前,它已经成为一种广为人知的术语,并且深受人们的喜爱。按照 2000 年 4 月 1 日起施行的《个人存款账户实名制规定》以及 2003 年 9 月 1 日起施行的《人民币银行结算账户管理办法》中提出的"账户真实性"的要求,开户时应当出具当事人身份证件,并且禁止使用假名或匿名账号。这是银行机构应该履行的全部反洗钱义务。然而,有些人认为,这种做法并不合理。随着"风险为本"的反洗钱观念和方式日益受到重视,识别客户身份变得尤为重要。在整个尽职调查制度中,客户身份的识别工作不只是单独被设定为准入门槛,而是作为常态化工作,多次且分阶段开展。

虽然我国客户尽职调查制度基本建立,也取得一定的执行效果,但根据 2019 年 FATF 对我国的反洗钱评估报告,合规性评价中涉及客户尽职调查的 10 项指标中,有 6 项指标的评价为合规或大致合规,4项指标为部分合规或不合规(未达标)。同时与客户尽职调查相关的直接目标四(预防措施)与直接目标五(受益所有人透明度)的评级都为低有效性。经深入分析评估指出的问题,结合监管过程中对金融机构客户尽职调查工作,我国客户尽职调查制度还存在不少缺陷。

一是尽职调查条件尚不完善。尽管"客户身份辨识"和"客户尽职调查"的混用使银行在认识上出现了偏差①,但客户尽职调查的需求仍然被充分考虑,以便更好地了解用户的真实情况,包括账号管理实名制、身份证件简化审核等,以及继续核查用户情况等内部需求。尽管有些专业的客户尽职调查规则已不再适应当前发展,但银行的客户尽职调查的形式也会有所变化,主要是因为银行会持续推出新服务和新方法。而且,某些尽职调查工作不能顺利开展,在必要条件上存在漏洞,比如,受益人认定条件不足,有关政策公众人物、电汇、技术等特殊情形的尽职调查条件也未能得到满足,而不容忽视的是,履行客户尽职调查的责任不仅由金融机构承担,某些非金融机构也应当承担,但由于缺乏有效的监督机制,这些条件仍然存有一定的缺陷,需要进一步健全和改进,然而,目前尚无相关规定。

二是缺乏"风险为本"的客户尽职调查制度安排。《金融机构客户身份识别和客户身份资料及交易记录保存管理办法》侧重于合规性的要求,对于"风险为本"强调不足。人民银行规范性文件中虽提及"风险为本"问题,但法律层级,强制性和实践中仍有许

---

① 参见连永先:《反洗钱工作中客户身份识别与客户尽职调查的演进》,载《海南金融》2010年第12期。

多不足之处，整体上对"风险为本"顾客尽职调查缺乏系统要求，例如，没有要求金融机构根据风险状况拟定客户接纳政策；也没有要求金融机构对在整个业务关系过程中所进行的交易进行详细审查；并且保证客户的行为符合其身份以及业务关系和风险状况[1]；没有明确加强并简化尽职调查的适用情况，以及金融机构对风险的配套控制措施；未能澄清在不能完成客户尽职调查的情况下应当采取的行动等内容。

三是对长期客户尽职调查有效性不高，这就限制了反洗钱预防措施发挥其该具备的作用。《金融机构客户身份识别和客户身份资料及交易记录保存管理办法》中多次强调，在客户与平台初次建立业务关系时要进行身份确认和识别，确认后要进行必要的登记。尽管规定了客户在业务存续期间实行尽职调查，但此项要求只是作出了概括性表达，没有明确具体的实施细则，这一漏洞导致金融机构对此项工作的理解停留在"更新无效身份信息"上，不重视客户身份和交易背景的变化。由于在实践中，缺乏有效且持续尽职调查，金融机构为了促进交易，会在客户进入门槛后，将权限要求调低，无限额地放开业务权限，阻碍后续风险防控与监控工作的顺利开展，很难有效地抑制非法集资和电信诈骗这类数额较大的非法交易行为，同时还导致某些用户大量涌现，而这些用户已经被取消市场资格。[2]

---

[1] 参见汤俊:《客户尽职调查国际标准的基本要素与我国的实施策略》,载《海南金融》2008 年第 11 期。

[2] 参见孙玉刚:《客户尽职调查的国际标准与中国实践》,载《武汉金融》2009 年第 1 期。

根据国际评估指出我国在客户尽职调查方面的不足,结合金融机构所反映出的情况,可以对部分典型国家的客户尽职调查制度进行国际比较,各国(地区)客户尽职调查尽管立法形式不一样,但从制度框架和内容来看,均呈现以下特点:首先是呈现"金字塔"形制度体系架构。通常是由总纲性制度与细化操作性规定结合而成,将基本的和原则性要求写在效力较高的文件里,将效力较低的文件重新加以细化或进行具体操作的指导。其次是强调"风险为本"大多在反洗钱法律法规中明确规定,客户尽职调查工作应当以"风险为本"为总体要求开展工作。各国(地区)都从制度层面要求金融机构针对客户的风险状况,采取可以匹配的尽职调查措施,对客户分类管理,同时各国(地区)明确监管同样适用"风险为本"方法。[1] 最后是分行业细化基本规则。除了在法律上统一规定客户尽职调查的核心原则外,许多国家还应当结合各行业的实际情况,在多个"指令"或"规定"中分行业明确具体要求。

不同国家(地区)客户尽职调查核心内容基本相同,都包括客户尽职调查情况,适用于全体客户的尽职调查措施以及基于风险的尽职调查措施等(强化与简化)、受益所有人尽职调查请求,具体客户及事件。

首先,开展客户尽职调查的情形。[2] 各国(地区)都规定依据

---

[1] 参见崔建英:《客户尽职调查在金融服务创新形势下的挑战与对策》,载《时代金融》2015年第12期。

[2] 参见张煜、陈捷:《客户尽职调查评价模型研究》,载《华北金融》2013年第4期。

FATF"建议10"五种情况进行客户尽职调查,新加坡、加拿大对不同产业进一步提出更有针对性的需求,例如,加拿大对寿险公司和证券交易商以及新加坡金融管理局对银行、信托公司等分别颁布了法律约束力监管指令。

其次,对所有顾客都进行尽职调查。该要求主要包括三个要点,即识别(Identify)客户,通过可靠、独立的证明文件、数据或资料核实(Verify)客户身份以及持续的客户尽职调查。它的最终目的是通过收集所有的信息,形成一个客户的"风险图像"(Risk Profile),用于对客户的活动、交易规模与交易类型构成一种动态的期望,根据这些期望判断顾客随后的交易活动的可疑程度,反映出顾客全生命周期管理情况。

再次,以风险为导向的客户尽职调查措施。为了体现"风险为本"要求,多数国家(地区)将客户尽职调查措施的范围与力度进行了区分,将其划分为强化、简化与不能完成三种形式,并规定了具体的适用情形及适用措施。而且要求金融机构在整个过程中开展风险评估工作,提供必备的指导和培训,监管机构帮助金融机构了解风险评估的方法和技巧,提升其评估能力,将评估结果作为尽职调查工作的依据。

最后,特定领域的客户尽职调查。特定领域的客户尽职调查是指对某一特定领域的客户进行调查和评估,以了解其背景、信用状况、商业运营情况等信息,以便作出明智的决策。多数国家(地区)采用这种方式,使整个过程更具针对性,从而明确金融机构的义务。而且这种方式不仅适用特定客户,还适用于新技术。

借鉴国外客户尽职调查制度，结合本国国情，可以从以下六个方面对该项制度进行完善：

第一，银行制定客户尽职调查管理办法。通过此方法快速且高效地识别和评估高风险群体，设置等级分类，对不同等级的客户分行提供指导，根据相关权威性外部资料，结合本国国情和不同地区的特点，适时制定或修改具体指引，以确定调研工作重点及具体实施调研方式[1]，同时，基层金融机构也应当按照所在地监管部门的规定，加强对高风险客户的管理，以确保反洗钱工作的有效实施。从反洗钱工作入手，了解从事洗钱工作的身份特质，分析并标记此类活动的高发地区，结合司法实践中的典型案例，分析洗钱活动背后的逻辑，因地制宜，使反洗钱工作更具地域性和针对性。

第二，前置业务特性和洗钱风险再识别机制的确立。客户尽职调查制度过程大体分为这几个方面：首先，对准入的客户进行风险的识别和分类。其次，对不同风险等级的交易客户采取不同的交易风险检测措施。最后，分析监测结果，不同的检测结果采用不同的应对策略，如检测结果中显示存在交易风险，系统将会深度收集信息，通过两次评估后，仍有交易风险，则会直接联系客户，重新验证客户身份信息并提示交易风险的存在。[2] 并对客户之前、现在和以后可能出现的所有交易进行更加详细的分析，最

---

[1] 参见孙淼：《关于保险业反洗钱客户尽职调查工作中存在的问题及建议》，载《吉林金融研究》2020年第11期。

[2] 参见何元媛：《客户尽职调查在新形势下的挑战和对策建议》，载《时代金融》2017年第12期。

终输出数据,提交又一次被认为有嫌疑的交易报告。对首次评估为高风险的顾客,将继续对其进行辨识和监控;对于中、低风险的顾客,我们将采用基于风险的常规业务监控,并按照上述的程序来进行顾客的业务行为辨识。针对现有客户尽责工作过程中,低、中风险客户的交易监控与重辨识既容易出现重复,又容易忽略潜在的异常交易行为,本项目拟将风险评估的初步结果与特定的业务特征及风险进行有机融合,并根据风险评估的结果,及时对高风险客户的交易行为进行客户身份重辨识,并对中、低风险客户的交易行为进行连续监控,从而实现有目标的尽责工作,从而减少监督资源的消耗。

第三,对适用于所有行业的客户尽职调查进行修改。在短期内,应当遵循最小化规章修改变动原则并保留以行业为单位的既有体例。同时也要针对各行业客户尽职调查应用情况和措施予以更新,改变原有业务分类,从工作方式上确保政策连续性,避免金融机构"菜单成本"过高。例如,银行业和证券业划分了是否开户和一次性交易,保险业划分了承保,保全和理赔流程环节,并分别对客户尽职调查提出了要求。但是从长远看,需要在借鉴多数国家(地区)经验的基础上,与行业监管部门和行业协会合作,进一步研究行业细则和客户尽职调查的整体要求、细化操作指引,引导金融机构深入了解并履行客户尽职调查义务、保持体系灵活精细。

第四,将"风险为本"要求贯穿到客户尽职调查制度中,以确保"风险为本"反洗钱措施的有效实施。为此,反洗钱义务组织应当熟知相关理论,在此基础上,在实施具体细则的过程中,进一步提高执行者对洗钱活动的敏感性和识别能力,以有效防范洗钱活动的发生。为了更好地协助基层银行金融机构所有工作人员了解"顾客身份鉴别",我们应该加大对他们的训练,让他们更加清楚地了解反洗钱管理工作中的顾客尽职调查机制过程,并且重视继续调研和再次调研,以便最好地执行顾客尽职调查义务。① 为了确保客户服务的安全,建议在《互联网金融机构客户身份标识和客户身份资源及交易记录保护办法》中加入更多的规定。其中,明确规定,除非顾客进行了尽职调查,或者经过评价超出本组织风险管理能力,否则不能与顾客创建或保持业务关系。为了确保客户服务的全生命周期管理工作,我们应该完善持续性尽责调研规定,并采用现场检查和案件接触结合的方法,以确保调研的时间正确,并且收集的证明文件、数据和信息必须与金融机构掌握的客户资料、业务和风险状况保持一致。② 为了提高尽职调查的效率,我们应该简化对尽职调查的规定,并说明适用的情况及其相应的政策措施。

第五,健全客户个人信息保护体系,利用新兴技术为信息采集赋能。客户信息采集不仅关系到风险分级管理与评价的准确性、影响客户尽职调查制度实施,而且贯穿整个反洗钱过程。如今,移动互联网、大数据和生物识别等新一代信息科技的逐步推广,对基层银行机构充分采集客户信息起到有力的支持作用,各

---

① 参见郑家庆:《金融机构持续客户尽职调查问题探析》,载《武汉金融》2017年第1期。

② 参见包明友、张怡、刘潋:《完善我国客户尽职调查制度》,载《中国金融》2020年第16期。

类手机软件，APP 应用程序，支付程序和由地方政府主导建立的便民应用，大数据平台都将实现用户信息共享。① 伴随着国家对个人信息保护的加强，可以考虑利用基于区块链技术对信息进行采集与验证，以促进客户尽职调查工作的顺利开展，同时对客户个人信息安全进行严格的保护。

第六，查漏补缺，弥补合规性缺陷。将非银行支付机构、互联网小额信贷机构等纳入《金融机构客户身份识别和客户身份资料及交易记录保存管理办法》中；对一笔业务进行了修改，对"多次相关业务"作出了客户尽责的要求；明晰利益所有人的定义，判断规则，并就识别的时间，收集的信息的内容做出规范；应进一步提高保险合同中对保险合同受益人的尽责义务，并将其视为一种危险因子，以确定其对保险合同受益人的义务；确定保险合同受益人的义务可以根据相关国家或地区的法律和保险合同的约定来确定，并加以细化，比如，将"客户身份识别"改为"客户尽职调查"，并对其内容进行了详细阐述，并对其内容进行了详细阐述。

针对数字货币匿名性问题应制定客户尽职调查制度。在采用技术监管的同时，数字货币监管规则也要根据数字货币自身特点不断完善。构建客户尽职调查制度可以借鉴马来西亚、法国等国家数字货币客户尽职调查。马来西亚中央银行制定的《数字货币反洗钱和反恐怖融资》(以下简称《法案》)生效实施。《法案》指出，顾客尽职调查制度实施主体是数字货币服务提供方，顾客是数字货币交易参与方；建立符合数字货币特征的客户尽职调查

---

① 参见黄振东：《商业银行小企业授信客户开展尽职调查探究》，载《中国市场》2021 年第 5 期。

体系,主要包括客户尽职调查的基本要求,强化客户尽职调查体系和持续性客户尽职调查体系及无法实施客户尽职调查的责任体系。其中,强化客户尽职调查制度由两个部分组成,其一,管控跨境交易风险制度;其二,惩治公众人物制度。数字货币与其他货币相比,法律风险较高。建立能持续、稳定监督和管理数字货币的制度机制,有利于数字货币法律风险防范。另外,在客户尽职调查制度实施有困难的情况下,可以对数字货币加以限制并降低法律风险。如法国数字货币工作小组在2014年6月颁布的《防止数字货币用于欺诈和洗钱的建议》中所采用的关于限制数字货币用途的提案。对数字货币使用的限制包括对匿名数字货币用户人数的限制和对以数字货币为匿名支付手段的限制。在客户识别机制很难起作用的情况下,对数字货币使用进行约束能够降低法律风险。综上所述,中国可借鉴马来西亚、法国等国家的监管经验,构建一个高效、稳定的客户尽职调查体系和风险控制系统。力求借助此项制度,将数币交易过程中的法律风险降至最低。①

(二)建立数字货币交易报告制度

数字货币交易具有不可逆转的特性,即一旦买卖指令被确定,就不可能再次改变,而是按照指令继续运行。这使监管机构无法及时且有效地阻止非法资本的流动。所以,制定交易报告制度十分必要,在交易双方达成合作意思表示时,针对特殊订单(可

---

① 参见温信祥、张蓓:《数字货币对货币政策的影响》,载《中国金融》2016年第17期。

疑或大额）可以采用此制度，以降低法律风险。尽管无法及时阻止非法资金的流动，监管机构仍然可以密切关注这笔买卖的去向。制定巨额贸易报告制和可疑交易报告制，应当充分考虑数字货币的特性，以便最好地实现反洗钱的目标。根据国家2017年发布的《反洗钱和反恐怖融资修正案》，中国的数字货币交易报告机制应当包含已知的买卖各方的IP地址、标识码、设备标识符等信息，以便最好地反映出交易情况。通过分析数字货币的特殊法律属性，监管机构可以更加精准地收集和分析数字货币交易的相关信息，从而实施更有效的监管措施，确保数字货币交易的安全性、合规性和稳定性。

1. 交易报告制度的现状

交易报告制度是反洗钱监管体系的核心，反洗钱监管体系旨在防止和打击洗钱活动，保护金融体系的稳定和安全。交易报告制度要求金融机构在发现可疑交易或符合特定条件的交易时，向相关监管机构提交报告。这些报告可以帮助监管机构识别潜在的洗钱行为，收集信息并进行调查，以便有效地防范和控制洗钱行为，并获取有价值的反洗钱情报。

《金融机构大额交易和可疑交易报告管理办法》（以下简称《办法》）自2017年7月1日起施行。《办法》中明确规定应当报告的大额交易范围。当日单笔或者累计交易人民币5万元及以上（含5万元）、外币等值1万美元以上（含1万美元）的现金缴存、现金支取、现金结售汇、现钞兑换、现金汇款、现金票据解付及其他形式的现金收支均属于大额交易。企业法人、其他机构和个人工商户银行业务账号发生的单笔或当日累积200万元人民币或外币等值 20 万美元的货款划转属于大额非现金交易,包括任何形态的现金收支。

《办法》中规定,企业、都市信用合作社、农村信用合作、邮政储汇金融机构、地区性银行业务和信托投资有限公司的交易行为均可被视为疑似买卖,其中企业列出 18 种,保险公司列出 17 种,证券公司、期货经纪企业和基金管理公司列出 13 种,以此来确定疑似买卖的报告标准。①

鉴于大额交易、可疑交易举报的时效性,兼顾保护顾客交易过程中的各项信息,中国人民银行对新《办法》提出了全新的举报方式,也就是"总对总"提交与电子化提交,也就是大额交易报告仍采用中国反洗钱监测分析中心自动获取金融机构总部业务系统实时数据的模式,可疑交易经金融机构分支机构通过电子文件形式向其总部报告汇总后,再经金融机构总部通过电子文件的形式向中国反洗钱监测分析中心报告。

2. 交易报告制度存在的问题

大多数可疑贸易报表都是大额的,而且并未进行分析,导致报表质量不高。此外,由于缺乏可疑交易报告手动上报系统,即便出现可疑交易,也很难及时阻止资金流动。由于缺乏有效的技术支持,加上审核工作人员对反洗钱知识的匮乏,使得可疑支付交易报告标准缺乏原则性,全部依靠于临柜工作人员的审核,从而导致报表的形式变得毫无意义。新的报告制度也存有不利方面。实践过程中,据可靠数据表示,可疑交

---

① 参见刘连炯、欧阳卫民主编:《金融运行中的反洗钱》,中国金融出版社 2007 年版,第 104~109 页。

易标准可行性一般,需要考虑多重因素,提升标准的操作空间。《商业银行机构重大买卖和可疑交易申报制度》第 11 条第 5 款明文规定:"与来自于贩毒、走私、恐怖活动、赌博严重地区或者避税型离岸金融中心……。"第 13 条第 15 款"与洗钱高风险国家和地区有业务联系的"等规定中的"地区"或"中心"不明确,因此在实际申报中可能会出现混乱。另外,部分可疑交易标准未考虑新型业务的特点。伴随金融业技术创新的不断推进,兴起服务如网上银行、手机银行、手机电话银行业务、银保产品销售、银证产品销售等,具有虚拟性、隐蔽性、快捷性等特点,但《办法》仍未能根据上述新兴服务设计可疑贸易认定准则,这一问题成为基层反洗钱工作的一大挑战。因此,应当加强对新兴理财产品可疑交易的认识,以便更好地保护投资者的利益。① "总对总"的实施,对于银行外的金融机构来说是一个难题,这些机构无法实现大额和可疑贸易的电子化自行收集,尤其是券商、保险公司、邮政储汇等机构,由于内部网络系统尚未完善,目前仍无法实现自行实时数据收集。

3. 交易报告制度的完善

我国的政策并不允许虚拟数字货币的流通,但虚拟数字货币交易作为一种客观存在的事实,产生了诸多交易纠纷,给投资者带来不少经济损失,同时也有不法分子利用虚拟数字货币从事违法犯罪活动,给社会经济发展带来负面影响。因而,面对虚拟数字货币交易,金融机构有必要提升敏感度及防范意识。重点关注

---

① 参见中国人民银行吉安市中心支行课题组:《反洗钱大额可疑交易报告制度执行中存在的问题及政策建议》,载《金融会计》2007 年第 2 期。

大额数字货币交易和可疑数字货币交易,监督金融机构并督促其形成交易报告。由中国人民银行联合银行业监管部门,制定和完善管理制度,纠正或抵制金融机构影响反洗钱工作的做法,将吸收存款指标与工资挂钩。为了保证报警人和反洗钱工作人员的安全,我们应该制定相关法律规则,免除他们的财物和生命安全担忧。同时,我们应该充分调动第一线工作人员的反洗钱积极性。为了提高技术水平,应改进和提高商业银行的公用服务网络系统,通过专业系统收集数据,完成对数据的分析,构建数据收集和分析的一体化机制。为了有效地克服统计分析付款交易数据的随意性、不规范性和不全面性问题,商业银行应当在全国民间银行中建立平台,通过平台在银行间提供公共服务,分享最新政策和资源,平台共享监控系统和监控经验,多方监控可疑交易和大额交易的流转状况,以及及时发现和识别可疑交易数据。反洗钱工作涉及面广,通常涉及多个领域,而且线索不易被发现。从事反洗钱工作的工作人员需要具备一定的专业素质,了解本行业的行业现状,在具有理论知识储备和实践经验的基础上,有极强的职业敏锐度。英国政府的反洗钱机制以可疑交易报告为核心,要求每家企业都设立反洗钱汇报官,这个职位的设定,旨在将可疑报告中的问题分析汇总并及时上报相关机构,保证交易合法有序进行。负责管理搜集和研究各政府部门报送的可疑交易情报。这一体制的特点是,对反洗钱申报官的素质要求极高,以确保金融安全。中国可借鉴英国建立反洗钱举报人制度,人民币和外币可疑交易的举报义务由柜员手工填写并自我评估后上传至省级分行,商业银行省级分行设立专门的反洗钱举报人,由具备专业反洗钱知识的专业人员担任举报人,通过网络数据平台对银行全部金融交易信息进行核实和分析。举报官应通过网络数据平台核实和分析银行的全部金融交易信息,并履行举报职责。

数字货币交易的不可逆转性和匿名性,阻碍相关工作的开展,尤其是执法工作。相关部门无法及时且有效地拦截可疑交易,而且交易匿名虽然保护了交易双方的隐私,却导致执法部门很难追踪非法交易。因此,需要加强事前监管。在用户开展数字货币业务的地方,数字货币交易平台应有意识地建立大额交易报告制度或可疑交易报告制度,以确保平台的合规性和防范非法活动。建立这些报告制度可以提高数字货币交易平台的透明度和合规性,增强监管机构对数字货币市场的监管能力,监管机构可以追溯至交易源头,有效防范非法活动的发生。同时,这也有助于建立用户信任,促进数字货币行业的良性发展。数字货币大多涉及跨境交易,每个国家对数字货币的做法不尽相同,建立不同的犯罪标准也有其利益相关者。这里的关键在于建立大额交易事先通报制度和可疑交易报告制度,使监管机构对大额或可疑交易有迹可循,报告制度为执法工作提供线索,提升办案工作质效。

(三)构建投资者教育保护机制

2018年4月27日,《关于规范金融机构资产管理业务的指导意见》(以下简称《资管新规》)发布,标志着中国金融监管体系正式进入"去杠杆、调结构、控风险"的新时代,它强调了破除刚性兑付,建立真实价值上的资本控制,以及"受人之托,代客理财服务,卖者尽责,买者自负"的本源管理精神。这一举措为金融机构创造了一套更加有效的监管环境,促进了商业银行的发展。"卖者有责"的投资者适当性管理制度被视为资管行业实现真正的自由兑付的关键,其中"了解产品"和"了解客户"的规定更是明确了金融机构的责任和义务。在证券市场领域,科创板的建立和发展,标志着中国资本市场的改革和创新取得了重要进展。科创板是中国证券市场首个以创新型科技企业为重点的板块,旨在提供更加灵活和包容的融资机制,促进科技创新和经济转型升级。截至2019年年底,科创板已经成功上市了70家企业,这些企业涵盖了高科技、生物医药、新材料等领域。随着新三板首期7类业务规则的正式出台,投资者门槛也发生了变化,其中包括了对个人投资者资金实力和股票投资经验的要求,这使科技板的融资可能性比常规蓝筹股更大。近年来,《中国证券交易法》(新《证券交易法》)的二次修订中正式将投资者适当性规定纳入其中,这表明在资本市场资产管理中投资者教育保护机制十分重要。投资者教育保护机制可以通过提供投资者教育培训、信息披露和监管措施等方式,帮助投资者了解投资风险、提高投资决策能力,并监督和保护投资者的合法权益。当前,我国投资者教育保护机制是否能够有效应对纷繁变化的市场,发挥其应有的作用,并满足发展和创新的需求,是一个值得深入探讨的课题。

1. 投资者教育保护机制的价值分析

(1)投资者视角:保护投资者

在金融机构产品交易中,由于多数投资人缺乏专门的投资管理专业知识和丰富的投资管理经历,加上产品的复杂化,使他们不能匹配到合适的金融机构产品。因此,交易双方达成的法律关系,实质意义上是一个诚信伙伴关系,需要双方共同努力,以确保双方的利益最大化。商业银行应当恪守信义义务,在履行合同责任的进程中,始终以投资人切身利益为重,最大限度地保障投资者的合法权益。然而,因为金融从业者的收入与利润挂钩,为了努力提高收入,他们的共同目标就是尽可能多地销售金融产品。投资人的风险水平应该与产品的复杂度和风险相符,以确保投资人的收益得到有效的保障。国外证监会将投资者保护界定为"确保投资人免受误导、操控或欺骗的侵害",以确保投资人的权利受到有效保障。投资者适当性制度是确保投资者权益的重要保障,它不仅可以打破传统的兑付模式,还能够为投资人提供更加安全的理财方式。在市场中,投资人的权益主要体现在四大主要方面:知情权、证券交易权、证券市场自己承担的权力及其买卖确定权。调查发现,零售投资人在作出决策时,往往会受到多种因素的影响,包括:他们的感知力量(他们对自己的投资能力和知识的过度自信)、典型性偏差(他们将过去的融资能力归功于自身能力而非市场环境)、投资行为中的拖拉、懒散和过分偏爱现状。投资者的行为是投资者所处地位的直接反映,偏好则反映出他们在实际中处于劣势地位,因此金融机构业务人员在保护投资者的同时,也应该认真负责,以确保投资者的权益得到充分保障。

　　金融机构工作人员在实践中或许会滥用自身的优势,损害投资人的权益。为了保障投资人的权益,投资者教育保护机制要求金融销售员优先遵循适当性原则,在推荐产品之前收集投资人的信息,并根据信息进行适当的判断,以确保推荐的产品与投资人的实际情况相匹配。同时,这些销售员也有责任避免不适当的推荐。通过"买者自负"原则和"卖者有责"与"买者自负"的共同作用，投资者教育保护机制可以有效地确保金融销售员的推介行为客观公正，从而有效地保障投资人的权益。此外，这一机制不仅是单方面的保障，而是要求客户在投资过程中更加理性和成熟，以此来平衡金融销售者与投资人双方的利益。

（2）金融机构应采取有效措施，加强公司内部治理，以提升效率和绩效

作为市场中不可或缺的重要参与者，金融机构在营销和提供金融服务方面发挥着重要的角色。规范互联网金融机构的经营有助于保持市场的健康，而完善的公司治理则是确保互联网金融机构长期稳定发展的关键因素。不同的因素会影响公司是否遵守法律规定，但实践证明，完善的奖惩机制是必不可少的，它可以有效地预防和处理行为，因而，完善的公司治理可以降低违法现象的发生概率。

由于金融产品种类繁多，每个产品对应的风险指数具有差异性，投资者很难找到一种最适合自己的产品。在机构缺乏完善的内控制度时，从业者可能会因为追求更高的收益而在营销过程中混淆产品和投资者之间的关系。学界普遍认为，这种逐利动机一旦被放大，就会忽视客户的风险承受能力和利益保护，给投资者造成不可挽回的损失，甚至对整个资本市场造成巨大的冲击。从投资者教育保护机制的角度来看，它可以被视为一种强制性的措施：如果互联网金融机构未能遵守投资者教育保护机制的规定，就必须承受一定的责任；想要规避这种责任，互联网金融机构必须依法规范其产品的营销活动，建立完善的规章制度，并加强公

司治理。

(3)监管者的角度:通过采取有效措施来降低金融系统性风险

金融风险是指未来可能出现的各种其他金融机构不确定性,包含资金、经济运行危险性因素、经济社会政策风险因素、金融市场风险因素等。身为一个以信贷为基础的产品,它的债务率较高,因而信用风险更是不可忽视的。此外,银行也面临内部操作经营风险和外部性经营风险,这些经营风险都可能对投资人造成不利影响。系统化经营风险是一个特殊的经营风险,它与金融市场正常波动引起的下跌有着本质的不同,而且由于无法通过多样化的方式来消除,因而它会对几乎所有的市场参与者造成不可估量的影响。金融机构系统化经营风险不仅是对单一金融机构的危险,而是对全部其他金融机构的危险。它可能会导致一系列事件的连续传播,从而使一个金融系统受到影响。金融系统性风险具有多种特征,包含累积性、传播性、与实体经济的关系、外部性、与投资者信心的相关性以及与金融体系结构的相关性。为了防范这些风险因素,监管机构应该加强对投资人的教育保护,以降低它们的发生和爆发的可能性。

随着金融产品的不断创新,其复杂性和高流动性使得金融系统变得越来越不稳定,而缺乏有效的金融监管将可能导致严重的后果。"看得见的手"可以弥补"看不见的手"的漏洞,从而提升金融运行的效率,最大限度地防止金融风险传播。《证券交易法》在投资者适当性管理制度出台以前,就明确规定了强制的法定信息内容揭示义务、限定和防止证券交易不当及其可能带来的不利后果,以此来保障投资人的权益,但是,这些措施根本无法有效地阻止投资人遭受损害,也根本无法有效地控制投资人的权益。金融监管者有责任确保市场经济参与者能够充分考虑一定经营风险,并通过建立适当制度来规范商业银行在提供服务时的行动,并且给予监管部门对其适当性义务的监督权。基于商业银行与投资者之间的紧密联系,监管法律应当明确规定商业银行的责任和义务,为资本市场的社会自律团体,如股票交易和股票业协会,或者政府监督管理部门提供指导,以弥补监管漏洞,提高监管工作的透明度和规范性。

(4)资本市场视角:促进金融创新

作为证券行业的一项重要制度,投资者教育保护机制对于市场的成长具有积极意义,它不仅可以促进金融机构技术创新,而且还可以激发微观经济主体的自主性,从而为经济持续发展提供强大的支撑力量。根据十国集团中央银行的研究机构的观点,金融创新是一种全方位的进程,它既涉及资产证券化、业务外表化,也涉及全球金融市场的统一,还涉及金融工具的革新。通过国际合作和协调,促进全球金融市场的一体化和互联互通。

自20世纪60年代以来,金融自由化的蓬勃发展为商业银行提供了一种新的竞争力,这种竞争力源于金融服务创新产品的蓬勃发展,它们作为商业银行发展的驱动力,具有无限的可能性。商业银行成为金融技术创新的主要参与者,其技术创新活动不仅可以改变既有的监管框架,而且还可以有效地降低风险。然而,从全球角度来看,金融服务技术创新的本质目的仍然是为了疏散和传递经营风险,而不是真正减少全球或区域性的金融风险。商业银行应当充分了解客户的损失能力和产品的危险级别,以保证客户的权益得到有效保护。只要商业银行真正严格遵守投资人教育保护机制,那么即便在金融服务革新的背景下,市场和客户承担的经营风险也将得到控制,从而推进金融服务革新的茁壮成长,实现更高水平的繁荣。

2. 我国投资者教育保护机制之完善构想

保护投资者利益一直是中国市场经济蓬勃发展的重点,近年来,各部门的努力和制度建设,取得了一定的成效。然而,由于建设工作起步较晚,投资市场稳定发展存在一定的挑战。从投资人的角度来看,中小投资者在市场运行中扮演着重要的角色,但他们缺少风险意识,极易遭受权益侵害;同时,由于投机心理的存在,他们在投资时往往会过分自我主观或盲目跟随市场经济的潮流。为此,中国应该积极汲取发达国家和地区的有益经验和成功做法,结合本国实际情况,不断深化投资者教育保障机制体系的改革,以提升投资人的利益。

(1)构建理论基础:以信赖保护理论为核心

金融服务创新为产品和服务的推出提供了更多的可能性,促使金融机构与投资人之间的司法关联不再仅局限于契约关联,而是一种更加复杂的关系。在实践过程中,金融机构依靠其专业化,获取了更多的优势资源,这种类似于美国衡平法中创立的信义义务基础,中国投资人教育保护机制也是为了解决这种不平等的司法关联而设立的。有部分专家提出,应该借鉴美国投资者适当性三个理论的重点,并将其发展为一套完整的信赖保护概念,以此成为中国投资者教育保护机制的基础。民事和执行法中的信任法律和信赖保护原则都是这一思想的具体体现,因此,我们应该在投资者教育保护机制中加以重视和实施。金融机构所表现出的"权利外观"可能被视为商业银行获得营业许可的标志,它体现了银行的专业化;投资人根据"权力外观"完成买卖,但由于信任损失,投资者的利益受到了损害。在特殊情况下,"权利外观"可能会引入自律监管机制,以确保合约的实效性,并防止合约被更改或撤销。信任保障学说是源自《证券交易法》中"公开、公平、公正"原则,但它更加严格,旨在保障弱势群体,以及为投资者提供有效的教育保护机制,从而实现价值取向。信任保护理论突破了传统的代理理论,将金融监管者也引入法律制度问题,舍弃了原有的理论(从金融机构和监管机构角度思考问题),以信义义务理论为基础,使投资人的权利得到合理保障,从而实现了保障投资者合法权益的目标,具备很强的科学性。

(2)采用立法模式:以法律为主导,制定法律法规来指导行为

经过分析,中国当前投资者教育保护机制的基本立法模型偏向于自由规范导向型,与实际情况存在较大差距。因此,应当采取制定法主导模式,以更好地满足投资者教育保护机制的需求,这样可以有效地避免立法技术上的障碍,同时也可以更好地保护投资者的权益。此外,统一的法律制度有助于建立投资者适当性规则体系。

在制定法主导模式中,英国的法律规定更为详尽,但监管压力相对较小。相比之下,日本的法律规定更多地关注投资者适当性,但这些规定可能会导致监管压力和自由裁量权太大。结合现实发生的涉及数字货币的争议及当前习惯的立法模式,中国更适

宜采用司法解释的形式,对《证券法》第88条的规定加以细分和贯彻,采用自上而下的形式,赋予各行业自律机构制定适合企业实际情况的可行性标准,以促进企业发展。

(3)投资者分类制度:细化与动态管理

《办法》首次将投资人划分为专业投资人和普通投资人,并明确了运营管理机构对两类投资人的适当性管理权责。然而,由于投资人的财务、风险承受能力和知识各不相同,仅依靠这两个类别是根本无法满足用户维护投资者权益的需求的。为了更好地管理企业,须建立一个完善的分类制度,可以参照欧洲的做法,将投资人细分为三类:普通投资人、准专业投资人和专业投资人,如此才能更好地满足中小投资者的需求。为了更好地管理客户,在准专业投资人分类下设置两个分支,信息便捷投资人和关联投资人。信息便捷投资人指的是那些拥有更多信息获取渠道,但可能会利用这些消息进行内幕交易的投资人。关联方投资人是指那些与公司有着密切联系的个人或企业,他们可能不具备专业投资者的能力,但他们仍然拥有显著的优势,比如他们可以为公司提出重要的投资建议,并且可以为公司带来重大的影响。将上述两类投资人归类于"准专门投资人",给予其高于专业投资人但低于普通投资人的适当性管理。为了更好地管理这两类投资人,我们将在国外成功经验的基础上,构建一个动态分类管理制度。这样,经营机构就可以根据客户的不同情况,对其进行判断,从而更好地管理投资人。为了确保运营组织遵守法律法规,避免滥用权力逃避义务,必须需要其定时向自律小组报告对投资人的分类评估,并由证监会进行定时抽查。一旦发生违法情况,运营管理机构将面临双重惩处,一方面是行政管理处分,另一方面是惩罚性损害赔偿。

(4)投资者教育制度:通过改进方法和加强监管来提高效率和质量

投资者教育是一种重要的投资策略,旨在提高投资者的信心和保护他们的权益。它不仅可以补充传统监管规则和执行措施,还能为投资人提供更多的帮助。因此,应该着重关注如何创新投资者教育的内容、形式和方法,以提高投资人的教育水平。在行为经济学研究的基础上,金融机构应当深入分析投资者行为偏好,了解投资者的决策方式和思维习惯,并据此制定相应的策略和产品,以满足投资者的需求。采取更加有效的方式提供投资者教育,着重强调和了解融资意识、融资技艺和才能,并采用互动式强的教育方式,以提升投资者的投资水平。证券业协会、证监会和交易所应该积极宣传和推广这些有效的方式。为了保证投资者教育的有效性,监管必须强化对其他互联网金融机构的监督,以确保投资者教育的有效性。其他互联网金融机构必须严格地履行其职能,并严格遵守相关法律法规,以确保投资者教育的有效性和公平性。

(5)完善权利保障机制:保险、调解、仲裁和诉讼

建立完善的、快捷的、有效的投资人权益保护制度是我国证券市场监管机构的一个主要任务。从国外的实践来看,目前在发达国家,投资者的权益保护制度比较完善,借鉴他国已有经验,我国可以从保险制度、调解制度、仲裁制度和诉讼制度四个方面来完善相关制度。

首先,在借鉴欧洲的实践基础上,构建我国的投资者保障体系。保险资金是按照一定的比率支付的,若因违约导致投资人权益受损,使用了保险资金,在下一次的收缴中,这一金融组织应该支付好几次。保险资金是由专业的投资人保障组织来运作的。其次,建立健全证券交易的仲裁机制。扩大区域设立金融仲裁庭,增强中小投资者的诉讼参与能力,保障其独立,废除现行的司法程序对其进行实质性的复审。最后,对我国的司法诉讼进行了改进。新《证券法》还应该完善对股东权益保护的规定,从而使股东权益得到真正的保护,从而推动证券市场的良性发展。

　　在数字货币交易市场的投资者数以百万计,包括不同国家和地区的投资者,投资者的数量随着数字经济的发展与日俱增,相对于发行者,数字货币的投资者处于相对劣势。发行者拥有更多的信息和资源来操纵数字货币的价格,也可以通过技术手段干预数字货币的发行量和流通速度,这对投资者极不公平,侵犯其合法权益,影响数字货币交易市场的长期健康发展。在实践中很多数字货币交易平台的重要信息都是虚假的,诱导消费者进入市场交易,一旦发生任何意外情况,投资者就会难以确定被告人,因为我国《民事诉讼法》规定法院受理案件的标准必须要有明确的被告人,所以投资者很难获得法律救济。因此,建立一个能够有效保护投资者合法权益的机构,制定完善的规章制度,既是衡量数字货币市场环境质量的关键指标,也是实现数字货币交易市场健康发展的必要步骤。所以,构建完善的数字货币投资人维权教育工作管理机制任重道远,这不仅是我们在实践中保护投资者合法权益的具体实际举措,也是对数字货币司法监督当之无愧的重视。对此,我们应从这几个方面入手开展工作:首先,数字货币监管机构和相关执法部门要有保护数字货币使用者的意识,自觉确立保障使用者权益的宗旨,并将这种宗旨融合到日常生活工作,以确保数字货币投资人的权益得到有效保障,从而保障投资人的合法性和切身利益。确保国家数字货币的稳定发展。虽然我国数字货币的法律地位尚不明确,但它仍然具有一定的经济价值。其次,在数字货币的开发过程中,我们可以开发主要为消费者提供信息和法律支持的服务,比如,数字货币消费者权益保护组织,当投资者合法权益受到侵害时,可以向有关机构寻求救济。为了保护投资者的合法权益,有关部门应该积极鼓励和协助他们拿起法律武器,不给歹徒可乘之机。此外,为了让投资人更好地了解数字货币融资的危害,有关部门应该经常举办宣传教育活动,向投资人传播基本财经经验、货币认知及法律常识,随着互联网的发展,不断丰富宣传方式,使用大家喜闻乐见的方式,让投资人更好地了解数字货币融资的危害及其相应的法律法规制度。

为了维护投资人的安全,我们的金融机构监管应该采取具体措施,建立完善的数字货币投资者保护教育机制,以确保数字货币的法律内涵得到充分的认可和落实。因此,我们应该从这几个方面入手:第一,加强对数字货币投资人的法律保护,确保数字货币的合法性,确保投资人的利益受到合理的保证,以确保我国金融监管的工作成果得以高效地执行,并为投资人提供更加安全、可靠的数字货币环境。毋庸置疑,证券投资者拥有一定的经济价值,因此,监管应当采取有效措施,保护投资者的安全。第二,可以借鉴中国证券监督管理委员会设立的投资者保护机制,以确保投资人的利益受到有效保障。为了保障数字货币投资人的权益，我们建立了一个专业的数字货币投资人保护局，负责协调推动金融市场的投资人保护措施。此外，我们还建立了数字货币投资者服务管理中心和数字货币投资人保障金，为投资人进行相关法律咨询服务和资金救助等工作。我们提倡投资人利用法律途径保障自己的安全和经济权益，并将这三者结合起来，构成"一体两翼"，以建立一个有效的投资者保护体系。第三，我们还应当向投资人传播数字货币融资所包含的基本理财经验和法律常识。通过明确的风险评估和法律法规制度，让投资人更好地了解数字货币融资。督促数字货币市场参与者及时准确地披露信息，以便及早发觉和防范可能会存在的问题，并采取相应行动予以应对。

五、数字货币法律规制的体系构建

(一) 法律规制原则

监管者总是期待通过具备灵活性的政策文件发挥最大的效用,以遏制数字货币带来的负面影响。但这种保稳求快的理念面对数字技术的迅速发展有些不相适应。而我国有关数字货币的法律规范呈现出缺乏系统性、内容笼统模糊、法律位阶较低、法律责任配置不足等问题。这就需要发挥法律原则的指导功能,灵活地指引数字货币的健康发展。

1. 风险预防原则

风险预防原则源于德国的环境法领域,最初的目的是规制环境风险,并在可持续发展的过程中更多地考虑科学不确定性因素。[1] 随着风险预防原

---

[1] 参见苏宇:《风险预防原则的结构化阐释》,载《法学研究》2021年第1期。

则的应用,其适用范围逐渐扩展到应急、经济等其他领域中。不确定性因素是风险预防的核心要素,其可以在一定程度上被预测和衡量,但无法对其进行完全的预测衡量。不确定性因素引发的风险往往是不可逆的,一旦风险发生便很难恢复或者恢复的代价比较高。而数字货币在全球范围内的发展和流行,不仅会对金融稳定带来一定的影响,增加金融市场中的不确定因素,甚至关系到国家安全。

去中心化的数字货币,给金融稳定性和货币政策有效性带来了风险。商业数字货币登陆市场,可以在全球范围内进行流通和使用,在没有银行和第三方支付机构支持的情况下,使点对点支付、转账和交易网络覆盖全球每一个角落。伴随数字商业信用的持续提高,它就有很大的机会构建出一个全球性的数字金融垄断生态系统。从这一角度看,虽然数字货币对未来金融安全领域的影响具有不确定性,但是它的确拥有撬动整个经济系统的可能性。因此,数字货币的风险预防必不可少,我们可以从以下三个方面采取预防措施:

首先,确保风险处于可控范围。针对数字货币及区块链等金融科技对货币发行、流通等环节产生的影响进行全面综合的研究,并对其对银行体系信用创造等业务流程、金融风险结构造成的冲击进行评价。强化对法定数字货币与商业数字货币在发行与流通上的组织与配合,保证法定数字货币的替代风险在可控范围之内;强化虚拟数字货币的监测,对虚拟数字货币的价格波动及时预警。

其次,推动法定数字货币与商业银行更好地融合。法定数字货币的出现会导致商业银行运作模式的变化，商业银行已经不依赖于信贷中介业务来实现利润，转而依靠信息咨询、理财服务等中间业务来实现利润。鼓励商业银行进行主动的转型升级，加速其创新速度，将银行的重点业务与法定数字货币的应用场景联系起来，将可利用的资源进行有效整合，将多种业务渠道进行融合，发掘出新型的消费场景，从而建立一个以法定数字货币流通为基础的金融服务新平台，进而降低银行业在法定数字货币替代过程中受到的影响。

最后，注重风险预防措施的适当性。在数字货币风险预防的过程中必然要采取相应的措施，但是这种风险预防措施相对于普通监管措施而言，其更加容易引发公众的质疑。风险预防措施是基于不确定性要素带来的复杂形势，采取限制相对人的自由或者相关权利的措施，这样的风险预防措施极容易引发社会争议，带来舆论压力。而且金融市场的风险预防措施很容易带来连锁反应，严厉的监管措施固然有效，但风险预防措施过于强势，大量的国内投资者基于政策恐慌抛售数字货币，境外资本也有可能趁势打压市场价格，不仅会给国内投资者带来损失，数字货币市场也很有可能遭到重挫。因此，数字货币风险预防措施要符合比例原则。比如，对于数字货币交易的头部平台不宜直接严厉打击，但同时也不能放任，可以通过内部沟通向平台提出严格的监管要求。

2. 发行严格原则

虚拟数字货币这类主张去中心化的货币之所以受到追捧，其实是投资者认为中央银行发行的货币在管理上或者监管上存在弊端。货币发行者为了获取融资、贷款等特定利益而发行货币，货币持有者基于货币价值的稳定性、安全性以及交易场景等因素选择使用不同类型的货币。而中央银行为主导的货币发行者为了获取更多的收益会超出市场需求发行货币，导致货币持有者的接受度下降，但货币发行者可能会通过强制或者非强制的手段让持有者被动接受。后续引发的金融危机，对于这些被动的货币持有者而言也无法幸免。所以，数字货币主张的去中心化实际上想要摆脱中央银行的控制，掌握货币发行交易的控制权，从而强调数字货币的区块链特性和去中心化的特点。

然而，去中心化的数字货币并没有按照理想化模式发展。脱离中央银行的管理和监管体系，数字货币匿名化交易、资金难以得到有效监管、数字货币跨国流动等特点，很容易引发金融市场风险，并且该金融风险会跨区域传递迅速蔓延。[①] 数字货币匿名化的特性，使通过数字货币进行非法交易的操作更加方便，而且线上交易的方式更是增加了洗钱等非法操作的可能性。关于数字货币的技术和网络风险不断地演变，智能合同中的编码漏洞、数字货币钱包或者加密密钥泄露等问题难以避免。公众对数字货币交易的投机行为本身就伴随风险，虚拟数字货币价格波动剧烈，公众因为眼前的利益进行投资交易，而当众多投资者的热度散去，这些虚拟数字货币的价值会迅速下跌，甚至会让投资者的所有投入化为乌有。

面对去中心化数字货币发起的挑战，主权国家开始试图将数

---

① 参见周立：《主权数字货币发行流通及其经济效应分析》，载《理论学刊》2022年第1期。

字货币拉回中央银行货币管理和监管体系。发行货币是现代政府的一项重要职能,政府通过对货币发行的调控实现国家经济和金融的稳定,政府为了维护金融系统的稳定要采取一系列政策措施。但是,由私人主体发行的数字货币,在流通中存在替代政府法定货币的情形,从而削弱了政府对金融、经济的调控能力,也让政府不能够高效地运用政策工具来维护金融安全。所以,对于不需要经过央行和商业银行同意,绕过国家资本管制的虚拟数字货币应当沿续当前的禁止流通措施,减少国家对资本管制失灵的现象,提升金融风险防范能力。

严格市场准入机制。市场准入包括货币发行机构准入和金融工具准入。机构准入是指确定哪些机构可以进入货币发行体系,使法人机构可以从事数字货币发行的准入许可。申请进入市场的组织必须符合相应的要求,而且必须符合相关的法律法规,接受相应的监督,才能规避信贷风险和支付风险。金融工具准入是确定哪些金融工具应该纳入货币的范畴。通过市场准入规则,判断一个数字化金融工具的货币性,对是否将其纳入法定货币体系以及如何纳入法定货币体系进行规范。在当前的金融环境以及信用环境下,由国家集中掌握货币发行权尤为重要。中央银行是法定货币发行的主管部门,它应当负责对数字货币发行的部门和与之相关的金融工具展开管理,并将其统一地纳入监管体制中,从而确保法定货币体制的正常运行。商业数字货币已经纳入法定货币体系,发行商业数字货币必须获得市场准入许可。虚拟数字货币的发行者尚未被纳入法定货币发行部门的系统中,而对应的虚拟数字货币也无法通过法定货币进行直接结算,因此其市场准入机制尚未出现。随着互联网技术发展,虚拟数字货币大量出现、流通和使用,其货币属性的凸显逐渐消弭与法定货币之间的隔阂时,可以考虑是否将其纳入法定货币体系进行统一监管。①

3. 信息保护原则

为了数字货币能够更好地发挥金融服务的功能,应当充分考虑数字货币使用者的个人信息安全问题。数字货币虽然具有匿名性,但其匿名的背后承载了大量的个人信息,比如数字货币的权属、数字货币的交易记录、交易场景等信息。在大数据等技术的加持下,信息主体身份信息、行程信息等不同种类的个人信息可以通过关联数据的分析获得。对与数字货币相关的个人信息控制者来说,他们可以通过智能合约或者支付指令,改变用户持有货币的流转与使用。② 而随着当前数据分析技术的发展,数字货币承载的信息数量在逐渐扩展,使信息控制者的权力覆盖的范围也在进一步延伸。

个人信息基于私密性可以区分为一般个人信息和敏感个人信息,而金融账户信息关系到个人的财产安全,其敏感程度要高于一般信息。个人信息本身所具有的财产属性,因为与数字货币的结合更加凸显,有可能导致数字货币相关的信息泄露,这不仅可能会侵犯个人隐私,而且会使个人财产权益遭受侵害。虽然法定数字货币相较于虚拟数字货币在交易上更加安全,但这种交易安全可能是以压缩个人信息权利作为代价的。国家出于公共利益或社会征信等目的而使用货币信息的行为,可能超过必要限度

---

① 参见杜金富:《数字货币发行理论与路径选择》,载《中国金融》2018 年第 13 期。
② 参见陈熹:《法定数字货币中的个人信息保护》,载《东南学术》2022 年第 5 期。

而损害个人信息权利。目前个人信息使用虽然设定了相关的免责条款,但免责事项在范围上依然不清晰;同时信息主体的自决权也因为具体规则的缺失而模糊。

对于法定数字货币的信息安全保护,要发挥央行链控制下的双层运营模式的优势。央行数字货币作为中心化的数字货币,应当由中心化机构统一行使数字货币的发行权、监管权与信息授权,有效降低数字货币在商业银行层级的信息泄露风险,避免过度授权产生的权力滥用问题。作为信息授权统一授权者的中心化机构,要承担相应的个人信息保护责任,制定数字货币信息安全技术规范,执行信息保护规范程序,同时在出现信息风险事件与权利纠纷时承担行政救济与赔偿责任。中央银行可以在机构内部建立专门信息保护机构或技术辅助机构,由肩负个人信息保护监管职责的国家网信部门统筹协调、相互配合,实时监督运营体系各环节信息安全状况。

信息处理者在收集、使用个人信息时应遵循以下原则:其一,信息处理程序合法。履行法定职权的信息处理要遵循法定程序,信息处理的内容要符合法定的授权范围。其二,信息收集的合比例性考量。信息处理者收集信息的范围不能超过其享有的职权范围,收集信息采取的手段造成的损害与所保护的利益应当均衡,不能使损害远大于所保护的利益。其三,告知同意规则的适用。信息处理者要将对信息处理的整体情况普遍告知给信息主体,针对敏感个人信息,信息处理在获取时要单独告知信息主体。除非经过数字货币持有者的同意,任何组织、机构或者个人都不能查询获取用户的账户信息和交易信息。针对个人信息的公开,要单独获取信息主体的授权。履行法定职权的信息处理无须获得个人单独同意。其四,信息安全监管。基于数字货币的匿名性,数字货币交易过程中要保障用户的个人信息安全,交易平台等机构在不侵犯用户个人信息权益的前提下,进行有效的监管。

4. 流通安全原则

监管者难以完全掌握去中心化数字货币流通的真实交易信息。在法定货币体系中,中央银行与商业银行根据不同的支付工具种类、货币的金额大小和应用场景,构建并运行和维护了大小额支付系统、银行卡跨行支付系统等多层次支付结算系统,在方便结算的同时,还实现了货币移转信息的全记录。而区块链技术利用多点记账和共识算法构建出了一种分布式信任机制,这就造成了数字货币流通移转信息记录与系统维护的主体分散化。以比特币为代表的虚拟数字货币,它的移转信息都被记录在了底层区块链账本当中,每一个节点都可以共用一套同样的账本,并由节点通过创建区块的方式来对整个货币移转系统进行维护。如果没有实名制,监管机构就不能知道或者改变具体的交易对象和相关的信息;同时,如果发生了网络运行维护不当,管理者也很难对网络进行有效的干预。[①]

首先,加强技术保障。数字货币流通离不开技术的驱动与支持,因此应当从技术层面入手为数字货币流通提供保障。其一,加强数字货币相关技术的研究和攻关。中央银行可以联合学术界、数字货币相关行业加快区块链、大数据等金融科技核心技术

---

① 参见柯达:《数字货币监管路径的反思与重构——从"货币的法律"到"作为法律的货币"》,载《商业研究》2019年第7期。

的研发、试验，积极提升技术的稳定性以及同货币应用领域业务的适配度，对核心技术在货币流通领域大规模应用的可行性进行验证。其二，预先部署数字货币金融基础设施的建设。在发行和流通体制中，要对数字货币从投放到回笼的各个场景进行全面的考量。比如，企业和个人可以对数字货币进行提存、使用数字货币购买货物和服务等，从而保证数字货币的流通顺畅。其三，提升法定数字货币流通的安全性能。借鉴虚拟数字货币的技术优势，发展和创新现代密码理论与技术，平衡隐私保护、监管等需求，使法定数字货币兼具便利性和安全性。其四，要充分利用大数据、云计算等新技术，对数字货币的流通进行监督，对经济金融统计、反洗钱和风险预警系统等监管类基础设施进行强化，以达到与法定数字货币的发展趋势相匹配的目的。

其次，发挥监管职能。必须要对各类数据展开监测，也就意味着，银行的账户信息以及交易数据都将被完整地曝光在监管部门面前。而监管权力与隐私权利之间处于你进我退的局势中，究竟由哪一方让步关系到数字货币未来的发展，要对监管权力与隐私权之间的关系作出合理的调整。在传统的货币体系中，仅当出现了现金的存取和交易的时候，有关部门会对持有者的身份信息和账户信息进行核查和审核，而在其他情形下监管部门并非对货币权利人的货币持有情况进行直接控制。但是，在法定数字货币体系下，因为利用了大数据、云计算等技术，所以每个账户的身份信息、交易记录等数据都会被系统进行实时记录并保存，以便进行监控跟踪。这不仅让监管变得更加高效，而且注册机构和数据分析机构还将用户的很多隐私信息都掌握在手中。监管权力的存在,是为了最大限度地保证货币流通顺畅、经济有序运行,而个人信息与隐私安全属于基本权利,这两种权利的矛盾与冲突使信息保护更加困难。

最后,加强金融监管。其一,通过对货币政策实时监控、对预期管理进行完善,以及构建提前反应预警机制,来提升对货币流向监管的前瞻性指导。这不但可以让央行货币政策控制的效果得到提升,还可以更好地解决信用方向导流不佳、预期管理不足以及政策交流不及时等问题。其二,通过对数字货币进行精准量化投放,实施差异化的货币政策,朝着绿色信贷方向进行引导,以实现资源的优化配置,减少货币的空转,提升金融服务水平。对货币流动过程设置环节式监控,降低货币政策传导时滞,引导货币流通量合理化,对数字货币的流动去向以及流通量是否符合经济发展的需要进行密切关注。其三,着重关注那些通过炒作抬高货币价格并倒卖的行为,以及那些通过编造故事来发行新的虚拟数字货币的行为。监管者可以加强信息披露,从而减少信息不对称带来的不利影响,也减少了公众被有心人误导、欺骗的可能性。与此同时,监管者可以通过颁发许可,为金融机构获得相应资格设定限制,只有符合资格的金融机构才能参与到数字货币领域中来。

(二) 规制模式构建

1. 数字货币与民法典现有条款的协调

(1) 数字货币的交易

对于虚拟数字货币而言,其并非法定货币,我国对虚拟数字货币的开发、运用及交易采取了严格的监管政策及措施。现实中,非商业性自发产生的虚拟数字货币交易客观存在,也不乏有不法分子利用司法机关的认定牟利。所以为了维护交易者的合法财产权益,有必要协调好虚拟数字货币纠纷在私法上的适用及处理。对于虚拟数字货币的使用而言,一方面是用虚拟数字货币交换商品或者服务;另一方面是以虚拟数字货币兑换法定货币。用虚拟数字货币交换商品或者服务,可以看作以物易物,即参照《民法典》第647条的规定,虚拟数字货币作为商品交换的对价,属于交易双方认可的财产。虽然《民法典》互易条款并未明确以物易物的"物"是否包含无体物,但根据该条款认定买卖关系的功能性作用,将虚拟数字货币这类无体物作为互易的客体,并不会影响该条款的设定目的。因此,我们可以将虚拟数字货币的商品服务交换行为可以参照适用《民法典》第647条的规定。以虚拟数字货币兑换法定货币,因虚拟数字货币不同于传统意义上的货币,所以无法实现与法定货币的直接兑换。因此,可以看作虚拟数字货币与法定货币之间成立买卖关系,买卖的标的物为虚拟数字货币。

在2021年《关于整治虚拟货币"挖矿"活动的通知》中,"挖矿"被列入淘汰类产业,与此相关的虚拟数字货币在我国的发展面临巨大的挑战。此后,发展和改革委员会公布了《关于修改〈产业结构调整指导目录(2019年本)〉的决定》(发改委令49号),将"虚拟货币'挖矿'活动"列入了淘汰类的行业,按照国务院的有关政策,严禁其进行任何形式的投资。《国务院关于发布实施〈促进产业结构调整暂行规定〉的决定》中,对已被列为淘汰类的项目进行了禁止投资的限制，这属于一种强制性和禁止性的规定。①根据《民法典》第 153 条的规定，违反行政法规强制性规定的民事法律行为无效。在这份决定公布后，也就是在 2021 年 9 月 3 日以后，任何关于虚拟数字货币"挖矿"的活动，都属于被政府明令禁止的行为。因此，在涉及虚拟货币"挖矿"的协议中，如果有关于"挖矿"的相关约定，就会被认为是违反了强制性规定，从而导致这份协议无效。但是，依照法不溯及既往原则，行政法规不能对发布之前的民事法律行为产生约束力。因为在 2022 年 9 月 3 日前，并没有与"挖矿"活动相关的限制性规定，也没有禁止购买或托管比特币挖矿机的行为。因此，在该日期之前，不能以违反强制性规定为由，认为协议无效。而"挖矿"作为一种耗能较高的活动，其行为又与民法典所规定的"绿色原则""公序良俗原则"相违背，因此，在实践中还是可能被认为是无效的。② 比如，在叶某与李某委托合同纠纷案中，法院就认为虚拟货币生产交易与"绿色原则"精神相悖。③ 在廖某与刘某、徐某某比特币"挖矿"合同纠纷案中，云南省保山市腾冲法院就以比特币"挖矿"活动高耗能与我国经济社会高质量发展目标不符、同碳达峰、碳中和目标相悖，而且与社会公共利益相悖为由，认定双方签订的协议无效。

---

① 《国务院关于发布实施〈促进产业结构调整暂行规定〉的决定》(国发〔2005〕40 号)。

② 参见林鸿：《金融创新合同效力认定问题研究——以民法典第 153 条为视角》，载《海峡法学》2022 年第 4 期。

③ 叶某与李某委托合同纠纷案，沈阳市皇姑区人民法院（2022）辽 0105 民初 4919 号民事判决书。

(2)数字货币侵权责任

虽然《民法典》第 127 条将数据和网络虚拟财产作为民事权利予以保护,但数据和网络虚拟财产并不能覆盖整个数字货币种类,数字货币自身的法律地位也还没有统一的定论,且现有的数字货币相关立法法律位阶不足,难以对数字货币的合法性进行认定,如果直接将数字货币作为一种民事权利保护支撑不足。司法实践中,在冯某与某互联网经营企业案中,法院认为比特币这种虚拟数字货币属于合同法上的交易对象,具有应当受到法律保护的民事利益。① 而《民法典》侵权责任编将保护对象定为权益,也就是说数字货币即使不能作为民事权利受到保护,但至少可以在侵权法上可以作为一种民事利益受到保护。

虚拟数字货币存储于其货币系统总账的分账之中,个人在虚拟数字货币交易平台所管理的账户之中储存的是账户私钥,而非货币。在交易平台提供钱包储存服务期间发生虚拟数字货币丢失的情况,可以基于虚拟数字货币持有者与交易平台之间的网络服务合同关系,以违约责任或者未履行安全保障义务产生的侵权责任向交易平台主张损害赔偿,违约责任与侵权责任两者竞合。因侵权行为导致虚拟数字货币损失后,虚拟数字货币的价值不像一般财产可以进行明确的计算。虚拟数字货币的损失直接关系到持有者现实的经济损失,所以,虚拟数字货币的价值需要相应的衡量标准。但虚拟数字货币的价格不像传统货币的价格那样稳定,其价格处于不断波动之中,而且虚拟数字货币不能直接兑

---

① 冯某与某互联网经营企业纠纷案,北京市第一中级人民法院(2018)京 01 民终 9579 号民事判决书。

换法定货币,给价值的衡量带来障碍。虽然虚拟数字货币无法与法定货币进行直接的兑换,但虚拟数字货币本身的价值共识机制可以作为其价值的参考依据。当虚拟数字货币遭受侵害时,以损害发生时虚拟数字货币的市场价格为标准,参考同类型不同地区的货币兑换价格进行计算。①

在虚拟数字货币转让的问题上,可以类推适用有关不动产权利转移的规则,通过在区块链上移转权属,相当于动产的交付;而在数字货币使用过程中的移转上,可以适用债权转让规则。但是因为区块链自身具备公示的效力,所以在进行数字货币的转让时,不需要专门通知债务人,任何拥有数字货币的人都可以根据其所拥有的数字货币,直接向债务人主张自己的权利。而且原则上,债务人不能拒绝对方的权利主张,除非对方并不是相关权利的所有人。投资性质的数字货币的转让本身不属于民法问题,而应当依据其具体的属性,在它是一种有价证券的时候,适用证券领域的相关规范;在它代表企业份额的时候,应适用相关商事法律规范。

在对法定数字货币权属的判定中,所有权人对数字合法货币的支配,对外体现在既拥有法定数字货币又拥有与其相对应的私匙,并主张将以此作为对法定数字货币权属的判断标准。这里仍然与数字法定货币法律属性的认识相关联。数字法定货币是数字化形式呈现的物。依据《民法典》第 224 条的规定,除法律另有规定外,动产物权的设立和转让,自交付时发生效力;在法律没有

---

① 参见谭佐财:《虚拟货币流通的法律关系与私法保护》,载《中国流通经济》2021 年第 3 期。

特别规定的情况下,似应在交付时发生效力。但应注意的是,数字货币的交付与有形物的交付是有差异的。

2. 制定"数字货币安全法"

习近平总书记强调,安全和发展是一体之两翼、驱动之双轮。安全是发展的保障,发展是安全的目的。① 数字货币是一项涉及领域众多、影响深远的集成创新。数字货币的发展与数字货币安全紧密相关,法治作为数字货币安全的重要保障手段,应当发挥其效用。数字货币关系到一个国家的金融主权和发展利益,关系到支付结算和汇兑体系的运行,关系到金融体系的稳定,关系到国际外汇储备的配置和国际财富的分配,对国家经济发展具有重要影响。因此,必须考虑在金融和货币层面的运动规律把握和规则制定。法定数字货币要顺利发行和流通,首先要解决其与现行法律法规的矛盾与冲突问题。数字货币具有显著的虚拟特性,其与实体货币在发行、流通、存储等形式上有着根本的区别。当下我们还没有建立与数字货币有关的法律体系,而现有的关于法定的货币的法律和规定都是以传统的实体货币作为参照,以此为基础的数字货币的运行和管理并不一定能完全适应现实的需求。

数字货币相关规范性文件的约束力尚存争议。《关于防范比特币风险的通知》以比特币为规范对象,但数字货币种类众多、更新迭代速度飞快,该通知仅针对比特币作出规定,覆盖范

---

① 参见《习近平在第二届世界互联网大会开幕式上的讲话(全文)》,载中国青年网 2015 年 12 月 16 日,http://news.youth.cn/zt/hlwdhs/dhjt/201611/t20161111_8838247_1.htm。

围过于有限,不能有效解决数字货币带来的风险问题。《关于防范代币发行融资风险的公告》中对赞成虚拟数字货币具有货币属性的观点并不支持,但并没有未否定虚拟数字货币的财产属性。在规范性文件的制定上,它不需要通过立法程序,并且其制定程序的要求比行政法规和规章要低。规范性文件可以具有事实上的约束力,但不具有法律上的约束力。因此,如果单纯以规范性文件当作行为依据,该行为可能受到没有法律依据的质疑。① 虚拟数字货币在法律或者规范性文件上并没有否认其合法性的明确规定,那么位阶层次更低的规范性文件更无从认定虚拟数字货币不合法。《关于防范比特币等所谓"虚拟货币"风险的提示》是由中国互联网金融协会发布的文件,从性质上看,该文件仅属于行业协会文件,也没有法律上的约束力,防范对象也仅针对比特币,而且也没有对比特币的性质作出明确的定位。

立法的缺失会导致司法实践的混乱。尽管国家相继发布了《关于防范比特币风险的通知》《关于防范代币发行融资风险的公告》《进一步防范和处置虚拟货币交易炒作风险的通知》等文件,但均没有明确指出虚拟数字货币的法律属性,致使其"无法可依",造成了诸多问题。有些法院将其认定为债权,有些法院将加密数字货币认定为虚拟商品或虚拟资产,比如,在丁某与翟某返还原物纠纷案中,法院就莱特币的性质认为其属于虚拟财产的属

---

① 参见王留一:《论行政立法与行政规范性文件的区分标准》,载《政治与法律》2018年第6期。

性,应当予以保护。① 还有的法院认为虚拟货币作为一种支付手段,比如在方某与张某、石某买卖合同纠纷案中,法院认定方某使用π币是双方对于交易结算方式的约定,并不影响双方买卖这一交易行为的效力,方某的行为不属于所禁止的代币融资行为。② 在司法实践中,由于法院对于稳定币的性质认识不一,相关案例的裁判规则较为混乱,并无明显规律。在朱某与李某委托合同纠纷案中,法院基于当前政策文件的禁令认为朱某诉请求判决交付比特币、若无法交付或交付不能的则立即赔偿损失的诉讼请求,尚不属于法律评价范畴。③ 一旦法院援引《关于防范比特币风险的通知》《关于防范代币发行融资风险的公告》,文件大多认定买卖虚拟数字货币的行为不具有合法性,进而影响司法之间法院的判决,据此部分法院判定数字货币所涉及的民事法律行为无效。比如,在支某与舒某合同纠纷案中,法院认为二人虽然形成了事实上的委托合同关系且系双方当事人的真实意思表示,但因从事的基本性业务是投资网络虚拟货币,该行为属于从事非法金融活动,严重扰乱了经济金融秩序,该行为应认定为无效,基于购买投资的委托合同关系也属无效。④ 在魏某与李某委托合同纠纷案中,法院确认双方之间形成以比特币为交易介质的委托合同关

---

① 丁某与翟某返还原物纠纷案,北京市第一中级人民法院(2022)京01民终5972号民事判决书。
② 方某与张某、石某买卖合同纠纷案,辽宁省大连市中级人民法院(2021)辽02民终3583号民事判决书。
③ 朱某与李某委托合同纠纷案,陕西省高级人民法院(2022)陕民申432号民事判决书。
④ 支某与舒某合同纠纷案,浙江省永康市人民法院(2023)浙0784民初540号民事判决书。

系,同时援引了前述规范性文件,认为该合同内容违背公序良俗,也认定无效,李某的损失只能由自己承担。① 这与鼓励交易、维护公平交易秩序的民商事立法初衷相悖。将虚拟数字货币认定为虚拟商品或财产的法院,大多肯认了涉及虚拟数字货币交易的有效性,给予当事人合理救济。对于虚拟数字货币性质的认定,往往取决于裁判者能否正确理解《民法典》第 127 条和《关于防范比特币风险的通知》《关于防范代币发行融资风险的公告》等法律法规、行政规范性文件。因为对当前相关法律规定的解读和认识不同,导致实务中对虚拟数字货币差异化的认定。

因此,我国应当出台专门的《数字货币法安全法》,以《民法典》颁行为契机,构建公法规范与私法规范相结合的规制体系。在该法中,对数字货币的定义、范围、发行机制、运行机制、制作标准以及中央银行数字货币法律关系中的主体、客体、内容、取得方式、侵权方式和责任承担方式进行规定,以及货币在发行和流通过程中,每个主体享有的权利或权力以及应当承担的义务等内容。"数字货币安全法"的制定,不是排除其他法律的适用,而是为了与其他法律相结合,使较为原则化的规定更加具体、富有可操作性,更有针对性地解决数字货币运行中出现的各种问题。"数字货币安全法"之所以要引入公法规范规制,是因为随着数字货币用户大量涌入,个体之间的私人行为演变为普遍性的新型社会形态,与数字货币相关的活动其公共属性明显上升,所以数字货币领域的活动并非单纯的民事行为。数字货币与传统货币相

---

① 魏某与李某委托合同纠纷案,北京市第三中级人民法院(2021)京 03 民终 18277 号民事判决书。

互影响,数字货币出现危机也会引发传统金融体系的震动。而且在当前数字货币领域中,公权力处于一种缺位的状态。有势力试图借助数字货币这一新兴领域作为掩护从事非法活动,借助匿名化的特性回避监管。并且一旦资本与数字技术结合,在数字货币领域形成资源或者权力上的强势地位,容易给其他普通用户带来压迫,产生不公平的现象。公权力介入数字货币领域,对于维护弱势群体的权益,维持数字货币领域的公平具有重要意义。①

3. 数字货币的规制路径

数字货币的发展离不开基础支付设施、核心交易平台和资产管理等诸多领域支撑,但目前的监管体制还不能完全容纳这一新兴事物带来的各种挑战,而且由它引发的外部效应也有可能给现行的金融体系带来风险。所以,我们应当对数字货币的发展演化进行辩证的分析,采取"类型化""渐进式""体系化"的规制路径,对数字货币与传统货币进行明确区分,结合经济、技术等方面的基础理论,对"潜在主体"及利益相关主体进行延伸性保护。

(1)数字货币类型化规制

基于数字货币不同类型具有各异的特性,在数字货币的规制中也应当采取类型化的规制路径。

法定数字货币,在本质上属于法定货币的一种,只是借助区块链技术将加密、分布式记账等技术运用到数字货币上。法定数字货币是受到虚拟数字货币的压力和启发而发展起来的,两者在技术上相似,但发行主体信用不同。法定数字货币是一国的主权

---

① 参见高奇琦、周荣超:《从私权到公权:用公权力来规范私权区块链的发展》,载《学习与探索》2021年第6期。

货币,是由中央银行或者授权机构发行的法定货币,发行主体与现行实物货币一致。法定数字货币通过特定系统开展交易活动,在打击洗钱、偷税漏税等犯罪时,可以通过交易痕迹追溯源头。尽管法定数字货币可以被追溯相关记录,但是它需要对公民的隐私及个人信息权利予以尊重并给予保护,记录追溯只能由法定机关和授权机构在法定框架下进行。

私人数字货币是由私人机构发行,以机构信用为背书,其价值易受到市场波动的影响。虽然虚拟数字货币的理念是去中心化,通过群体自治来维持流通运行;但是,在实际交易中,容易被特殊权力者操纵货币价格,扰乱整个虚拟数字货币市场,投机严重。虚拟数字货币价值的不确定性导致普通投资者难以理解,容易被诈骗人员利用,各种打着虚拟数字货币的招牌进行诈骗的行为层出不穷。虚拟数字货币的匿名性和跨国流动使洗钱风险升高,极易成为网络犯罪支付工具,甚至被用于各种非法犯罪的支付活动。虚拟数字货币逃避监管的特性,使各国都对该类型的数字货币保持警惕。

法定数字货币与商业数字货币之间有许多相似之处,两者都是通过数字化媒介进行交易,无须实物现金进行交付。但是这二者之间的根本性差别在于:商业数字货币仍然依赖于实物货币,其流通在一定程度上需要借助实物货币。而法定数字货币与实物货币只是属于法定货币的不同形式,二者之间不存在依附关系。商业数字货币与银行账户相关联,在某种程度上是一种"储蓄账户"数字化的表现,仍然是一种基于实体的支付方式。目前,我国对传统货币的规制,依照《现金管理暂行条例》《反洗钱法》

等规定,多从现金质量、现金合理利用和合法流通三个方面来规范。但相较于传统货币,数字货币的发行和流通有着很大的区别,其规制的重心应该集中在数字化的流通体系上,而且,数字货币没有残币问题,伪造和变造的技术难度高,与纸币和硬币的伪造和变造行为不同。

(2)数字货币渐进式规制

央行数字货币并不只是一种新技术和新产品的开发,它不仅要对应用的技术作出选择,从更宏观的角度来说,央行数字货币还代表了国家对数字货币的态度取舍,它需要保证数字货币在微观上的合规且在整体制度构建的合法。虚拟数字货币提倡的去中心化、货币社会化只是一种理想化的假设,而央行数字货币是基于理想模型的现实选择。央行数字货币的设计和实施需要考虑到现实经济和金融体系的特点和需求,满足现实需求,但也要与时俱进,防止与世界货币市场脱节。要保障消费者的权益和公民的隐私,还要使数字货币像国家主权货币那样,实现货币政策对于宏观调控服务的目的。不仅是我国,加拿大、日本等多个国家的中央银行都在积极地探索法定数字货币,并致力于该领域的研究。但中央银行数字货币的探索不是一朝一夕就能完成的,首先需要解决虚拟数字货币技术作为支付手段的根本问题,以满足货币政策的需要。而要克服这一问题,就需要完善技术、发展顶层机制和法治,即公共机构借用技术和市场发展成果的过程,是一个将公共和私人权力相融合并加以协调的过程。

在世界各国越来越认识到数字虚拟货币的商业与社会价值,并积极寻求有效监管途径的背景下,简单地禁止民间进行虚拟数字货币探索及其相关应用,可能不是最佳选择。① 过于严格的监管可能会降低金融技术领域的创新热情,限制创造能力,削弱金融技术带来的价值。数字货币的探索之路还很漫长,尤其是虚拟数字货币的发展,面对国外新生币种的突然崛起,其甚至演变成政治圈钱的工具,我国对虚拟数字货币的构建依然需要时间考察研究。英国金融行为局于2016年提出了"监管沙盒"的概念,"监管沙盒"是一种安全空间,金融技术公司可以在这个空间中对他们的金融产品、服务、商业模式以及市场推广方法进行试验,而不必在发现问题时就直接受到监管限制。对于还无法完全融入现有监管体制的数字货币来说,"监管沙盒"提供了一种可行的方式,使监管者可以看清金融体系与数字科技碰撞后带来的价值与影响。而且"监管沙盒"理念其实与我国的试点改革有一定的相似,可以选择一个特定区域,为虚拟数字货币运行搭建一个真实的场景开展数字货币运行测试,观察其运行特点,对于其带来的风险程度进行评估。而且可以通过调整运行机制,尝试不同的市场调控措施,寻找数字货币风险与价值的平衡点。逐渐扩大试点区域,比较大范围的投放运行差异,综合考量数字货币活动的可行性。②

尽管数字货币的法律特征尚不明确,但各国对数字货币的态度各不相同,监管措施也各不相同。但流动于国际的数字货币不曾停歇,对数字货币投资者的保护也应当到位。在市场准入门槛

---

① 参见华秀萍、夏舟波、周杰:《如何破解对数字虚拟货币监管的难题》,载《金融监管研究》2019年第11期。
② 参见张莉莉、徐冰雪:《法定数字货币应用的法律风险及制度完善》,载《行政与法》2021年第3期。

上，要求交易者具有一定的资本实力，作为投资者的保护后盾。交易平台需要向监管机构提供一定数额的保证金作为信用担保，在平台发生兑付不能的现象时，及时利用保证金兑付减少投资者的损失。面向投资者的信息披露要全面、准确，信息披露的时间节点要有利于投资者作出正确合理的决策，在投资者与交易平台达成合意前要对必要事项进行披露，在交易平台运行过程中出现的重大风险也要向投资者披露。

（3）数字货币体系化规制

当下各领域关于数字货币的规制还没有统一的结论。尽管我国在央行数字货币的研发上已经走在了全球的前沿，但是，我们的金融监管部门对于数字货币的监管仍然处于初期的探索。因此，我们迫切需要构建和完善与现有境况相适应的数字货币规制体系。

通过数字货币相关政策的协调统一、完善的市场准入准出门槛、良好的货币运行机制、全面的用户保障措施等方面逐步完善数字货币的治理体系。对于政策规定暂不支持但暗中仍在流通使用的虚拟数字货币来说，可逐渐以法律让其在阳光下运行，辅以灵活的监管治理措施，使数字货币的创新发展与金融风险之间的关系有效平衡，从而促进我国数字货币经济稳健发展。

首先，逐步确立中国数字货币的规则体系。目前，银行、证券行业的法规尚不足以防范数字货币带来的冲击，因而我国数字货币相关政策法规是由央行主导的，银行业和证券业参与私人数字货币有关活动被命令禁止。但即便是央行出台的相关政策，数字货币的监管效果仍然不足。所以有必要梳理数字货币规则，查缺补漏,弥补监管空白。

其次,加强公私部门合作。在数字货币技术快速发展的今天,我国必须准确地预测数字货币的发展趋势,并以此来制定符合我国实际情况的数字货币发展策略。公共部门与私人机构之间要提升协作的力度,以建立良好的互动关系。企业作为参与主体之一,引领着行业发展的创新动态,为了更好地掌握行业发展的潮流趋势,公共部门有必要听取企业的反馈、采纳合理的意见。与此同时,在制定发展策略的时候,要将企业的诉求纳入考量范围中,从而帮助企业更好地发展自身的创新优势。

最后,加强国际经验交流与协作。主动学习借鉴国际上对数字货币的规制经验,并展开交流和协作,从而防止全球数字货币治理中产生对我国不利的局面。数字货币本身就起源于美国等西方国家,在其发展过程中也积累了相应的监管经验。积极学习其他国家的先进做法,可以帮助中国提升对数字货币的监管水平,促使中西方各国在数字货币治理上达成国际合作。

(三) 法律责任配置

1. 明确数字货币的法律地位

(1) 有关数字货币的合法性问题

首先,虚拟数字货币是否具有合法性。2013 年中国人民银行等 5 部门发布《关于防范比特币风险的通知》和 2017 年中国人民银行等 7 部门发布《关于防范代币发行融资风险的公告》,这两份规范性文件旨在规范虚拟数字货币市场,预防其对金融秩序带来的冲击。但这两份规范性文件所规范的对象在于虚拟数字货币交易平台、金融机构、非银行支付机构以及融资主体,从对象上来说,并未禁止一般民事主体的参与虚拟数字货币市场。从行为上来看,规范性文件禁止的是虚拟数字货币以货币的属性参与市场活动,如果单纯以这两份规范性文件否定虚拟数字货币的合法性,在法律依据上不足。上述规范性文件对比特币这一类型的虚拟数字货币从货币属性的角度对其性质进行明确,比特币等虚拟数字货币因为没有法偿性与强制性,所以不是一种真正意义上的货币,并且主张虚拟数字货币作为特殊虚拟物品,其法律地位与传统货币不同。

其次,法定数字货币的合法性。中国人民银行作为法定货币的发行主体,承担着发行法定货币的职能。我国现行的《中国人民银行法》和《人民币管理条例》是我国法定货币发行的主要依据,但其中的法定货币尚未包含数字货币。根据《人民币管理条例》第 2 条规定,我国现行法定货币仅限于纸币和硬币。[①] 中国人民银行在 2019 年 11 月发布的《关于冒用人民银行名义发行或推广法定数字货币情况的公告》中,明确指出央行并没有公布法定数字货币,目前市面上流通交易的所谓法定数字货币并不是法定数字货币。2021 年《中国人民银行法(征求意见稿)》(以下简称《征求意见稿》)中规定将数字货币纳入法定范畴,扩大了法定货币的解释对象,不得拒收法定数字货币的内容实际上明确了法定数字货币的强制性和法偿性。但该征求意见稿目前尚未最终颁布,所以该修改内容代表了立法者的一种态度,在实践中可以作

---

① 《人民币管理条例》第 2 条:"本条例所称人民币,是指中国人民银行依法发行的货币,包括纸币和硬币。"

为参考。因此,当前关于法定货币合法性的辩论只是根据现有条件得出的一个应然性结论。法定货币是一种以主权信用为支撑、由中央银行发行的数字货币,除了具有基本的货币功能外,还具有法定货币的特征,应被视为属于货币范畴。

最后,明确法定数字货币权利义务主体的责任。按照《征求意见稿》的规定,法定数字货币是法定货币的数字化形态,也就要求中央银行享有法定数字货币的货币核心权利。根据《中国人民银行法》的规定,央行对法定货币享有货币制造发行、收益、管理、授权经营、规章制定以及监督管理的权限。在这种情形下,中央银行作为数字形式的法定货币,也应该拥有上述权利,否则,中央银行将无法有效地履行其货币政策和金融稳定的职责,影响整个货币体系。因此,修改和完善现行《中国人民银行法》和《人民币管理条例》等相关法律规定已成为必要,从而确立央行对法定数字货币所享有的权利。

(2)提高数字货币相关立法的效力等级

2013年,中国人民银行等五部委发布《关于防范比特币风险的通知》,明确比特币为特定的虚拟数字货币,不属于法定意义上的货币,并且禁止金融机构和支付机构开展与比特币相关的业务。该通知同时指出,比特币交易作为一种互联网上的商品买卖行为,普通民众在自担风险的前提下拥有参与的自由。2017年,中国人民银行等7部门发布《关于防范代币发行融资风险的公告》,明确禁止发行各类代币以募集比特币等数字货币的融资活动。虽然《中国人民银行法》已经发布了修订草案征求意见稿,但该修订草案尚未正式颁布生效。2021年,《中华人民共和国反洗钱法(修订草案公开征求意见稿)》出台,向社会公开征求意见。《反洗钱法草案》第 61 条所明确的特定非金融机构的范围有限,仅包含房地产开发企业、房地产中介机构、会计师事务所、贵金属交易场所、贵金属交易所商等。同年,中国人民银行等十部委发布《关于防范虚拟货币交易炒作风险的公告》,明令禁止金融机构开展或参与虚拟货币相关业务,并对虚拟数字货币交易采取更加严格的措施,对交易平台和相关融资平台进行取缔。

上述关于数字货币的通知或公告,在性质上仅属于规范性文件,没有上位法支撑,以规范性文件作为行为依据,缺少法律约束力,不利于将数字货币发展纳入法治轨道。在我国的数字货币规制尚未形成一个系统的法律规范体系的情况下,以规范性文件为主导的监管规范也难以担当数字货币监管大任,而且过度依赖规范性文件治理数字货币往往容易导致行业发展前景堪忧。比如我国对待虚拟数字货币初始态度是接受的,后期又明确禁止,一松一紧对数字货币行业的影响是巨大的。此外,全面禁止并没有减缓数字货币的流通速度,各种数字货币层出不穷,投资者仍然跃跃欲试,不法分子利用数字货币进行犯罪活动的现象屡见不鲜。因此,应当更新有关数字货币的立法,以便为保护数字货币活动建立一个更有效的框架。

(3)加强对交易平台和税务的监管

加强对数字货币交易平台的监管。随着数字货币市规模越来越大,货币交易中介机构大量涌现。虚拟数字货币从发布到流通离不开加密数字货币交易平台的助力,投资者在数字货币交易市场的进入和退出也离不开这个交易平台,在整个货币市场中,数字货币交易平台发挥着重要的媒介作用。鉴于它在市场中的关键地位，一直以来数字货币都是各国的重点监管对象。但目前的技术条件无法实现对海量匿名数字货币使用者的有效监控，税务部门不妨通过重点监控中介机构和第三方的报告平台实现对数字货币的监管。中介机构和第三方报告平台是连接数字货币交易用户的关键节点，中介机构和第三方报告平台的健康运转，可以促进数字货币用户规范自身交易行为。一方面，及时将虚拟数字货币有关的信息传递出去，提升投资者对数字货币的了解程度；另一方面，要通过对投资者展开定期风险评估，对投资者进行分级，并给予其不同的投资权限。此外，还要对投资者的交易次数和上限额度加以控制，减少投资者的非理性投资行为。

　　以法定数字货币助力税收治理。用户使用法定数字货币进行交易时，收款方在收到数字货币款项后，系统会自动识别该笔款项为经营者的收入，中央银行可以通过后台对整个的资金流动开展跟踪。[1] 央行可将交易双方的用户信息、交易数据、数字货币转移等环节串联起来，形成完整的监管闭环。央行数字货币中分布式账本技术的应用，解决了第三方支付平台无法确定实际交易地点的问题。只要交易完成并且收到了央行数字货币，即便市场主体没有进行注册登记，作为新的数字货币拥有者，销售者信息和交易行为发生地也将一同确认，并且不会被篡改。在法定条件允许的情况下，央行可以与税务部门在客户资料、交易信息等方面开展信息共享，借助部门的技术手段，结合央行的

---

[1] 李梦娟、蔡昌、李艳红：《数字货币的运行机制与税收治理——基于第三方支付与数字货币比较视角》，载《税务研究》2023年第4期。

业务能力,分析交易与其背后的资金流转、税款缴纳等信息是否吻合。①

2. 防范个人信息泄露

(1)实施信息分级分类保护

无论是《个人信息保护法》还是《个人金融信息保护技术规范》,都将个人信息按照敏感与重要程度作出区分,为信息分级制度的建立勾勒出了雏形,对重要的个人信息给予更加严格的保护。基于这种分级的导向,可以根据信息的性质对数字货币相关信息作出合理分类。比如,与数字货币有关的个人金融信息可分为身份信息、交易信息、信用信息、衍生数据信息等。基于不同的个人金融信息在身份属性和财产属性上程度差异,可以据此进行差异化个性化的保护,更加精准地界定信息共享利用与信息保护的边界。身份属性凸显的个人金融信息对信息主体的指向性更强,应该更加注意对个人隐私的保护。此类信息的擅自转让、公开披露或将其委托给第三方组织进行处理行为应当被禁止,对该类信息的收集、存储和使用范围不能超越法定数字货币的功能和监管权限范围。财产属性凸显的个人金融信息,应该重视公共和私人主体的征信权限的区分,通过协商等方式,对信息财产权受到损害的个人进行补偿救济。

(2)明确信息安全责任范围

一方面,维持公法权力和私法权利行使界限的平衡,防止公权力对私权利的过度侵入;另一方面,要为公权力在数字货币领

---

① 参见王寰:《比特币引发的国际逃税避税问题及其法律应对》,载《税务研究》2018年第1期。

域的行使划定合理的免责范围,以便于公共部门的正常职能运转。对于数字货币监管者、信息处理者而言,应当规范具体的货币权力行使程序,以防止权力滥用。对依职权处理个人信息的主体可以享有告知同意规则的豁免,但豁免范围应当进行限制。对数字货币用户而言,用户的知情权、信息自决权以及损害求偿权的行使方式要作进一步的细化规定,使信息保护实现落到实处。各信息处理者只要做到了对应的信息安全保护措施,就可以被认为已经完成了信息安全保障义务,从而免除损失赔偿责任。否则,就应该按照过错程度来分摊数字货币使用者的损失。

(3)完善信息侵害民事赔偿

由于信息侵权的损害后果认定困难,导致目前的司法实践中对个人信息侵害的救济不足,获得赔偿的难度较大。非法使用和倒卖信息的行为侵害对象往往不是针对单一的个体,而是针对群体性侵害。将群体性的信息侵害后果放到个体身上看,带来的影响比较轻微,在不存在二次侵权的情况下,很难确定其对个体造成的直接伤害,从而也就不能确定其具体的赔偿金额。因此,在个人信息侵权的损害上,不能简单地将损害等同于纯粹的财产损失。可以参照《消费者权益保护法》等法律有关小额损害的最低赔偿数额的规定,设置个人信息侵害的最低赔偿标准。个人信息侵权导致的精神损害,可以适用精神损害赔偿,以安慰个人信息被不当处理造成的精神创伤。考虑到信息处理过程中,信息主体对其信息是缺少控制和了解的,为了保护信息主体的权益,在侵权发生时应当由信息处理者承担举证证明其尽到了信息安全保护义务,没有侵害信息主体权益。在信息处理者无法证明时应当承担相应的赔偿责任。

(4) 个人信息公私保护相结合

对于信息主体而言,单纯以私法救济个人信息权益,其保护并不充分。尤其是大规模的轻微信息侵权行为,遭受侵害的个体不仅难以证明其遭受了损害,而且以诉讼的方式维护个人信息权益所投入的时间成本和人力成本相对较高,当事人经过成本收益衡量后可能不太愿意付诸行动维权。但是这种大规模的信息侵权对社会带来的影响巨大,其侵害的利益带有公共性,所以公权力介入对涉及个人信息的公共利益保护较为周全。再则,不应当以损害结果来判断个人信息侵害责任,而是个人信息处理行为的违法性来判断才更加合理。与此同时,公权机关、行业公益组织等作为公共利益代理人,针对个人信息侵害行为提起公益诉讼,担负起维护数字货币用户个人信息权利的职责。

3. 防范数字货币刑事犯罪

(1) 健全反洗钱机制

当前,洗钱犯罪风险呈现泛化的趋势。数字货币可以逃避监督、跨国流动、具有金融属性,与其他理财产品一样,难免成为洗钱的工具。没有充分信用背书保障和实体资产支持的数字货币,容易滋生违法犯罪活动。区块链技术带有的去中心化、匿名性和开放性特征,使依靠区块链技术产生的数字货币具有天然的隐蔽性、可兑换性和跨国性。去中心化的特点导致数字货币交易能够绕过金融机构进行,使众多的交易主体脱离了传统的金融体系的掌控,而这些货币交易平台散落在世界的各个角落,这必然会阻断反洗钱机制的运行,导致监管失灵。为了提升交易效率和保障用户的隐私，匿名交易成为区块链特色。然而，这种匿名化的交易方式使犯罪分子有机可乘，利用作为支付手段的数字货币作为新的洗钱工具，同时借助匿名交易躲避执法部门的追查。犯罪集团凭借虚拟数字货币可以大规模跨越国界，其性质为资金转移提供了便利，这大大增加了打击非法活动的难度。此外，与数字货币渠道有关的犯罪活动风险也会转移到其他国家，从而使非法活动蔓延。数字货币改变了洗钱犯罪的行为模式，数字货币的国际化为洗钱提供了便捷，货币兑换、支付方式的多样化更是为违法活动创造了有利条件。这就要求监管机构在这些资产的监管上更加灵活，对去中心化数字货币的监管回避有所反击。

首先，客户尽职调查由形式审查转为综合考量。为了避免用户使用虚假身份注册数字货币账户参与洗钱活动，在展开尽职调查的时候，不能仅限于形式上的审查，而应该以客户提供的基本信息为基础，结合其从事的工作、所在地区、开展的交易种类等因素进行全面考量。根据客户的风险等级，对客户身份识别调查程序进行优化，对于风险等级低的客户可简化其身份识别，对于风险等级高的用户重点关注。

其次，优化交易报告制度。即货币交易平台可以根据业务范围设定符合客户状态和交易特点的交易标准，在有合理的理由怀疑用户从事洗钱等非法交易活动时，可以向反洗钱检测中心提交可疑交易报告。通过事前预防性措施，规避洗钱风险，提升交易报告的情报价值。

最后，发挥监管科技的力量。在数字货币利用区块链技术逃脱监管的情况下，监管部门也可以利用技术力量为监管提供支持。将监管规则、洗钱风险的判断识别等内容做数字化处理,以代码的形式呈现,设定到监管系统甚至是数字货币交易平台之中,让监管职能部门实时掌握风险信息。而且还可以通过信息捕捉和获取,自动报告风险交易,减少人力资源成本,提高监管效率。

(2)完善反假币制度

数字货币与传统货币存在形态上的巨大差别,正是这种差别导致现有的规制体系不能作出及时的反应。因此,在数字货币反假币制度上要参照现有成熟规制机制,形成一套适应数字新技术的反假币制度。

其一,数字货币的防伪设计。传统货币一直在与假币作斗争,并且不断地改进纸币的防伪技术。数字货币虽然在形态上与传统货币不同,但也不能轻易低估技术的发展与人为破解能力。因此,在数字货币的初始设计上就要充分考虑防范假币的问题,提升加密技术,保障货币安全,避免真正流通以后假币引发的市场乱象。

其二,伪造与变造的吸收融合。传统货币的伪造行为比较直接,通过对真币进行复制即可构成伪造。而传统货币的变造是在真币的基础上进行处理加工,使处理后的货币与真币保持一致,而且变造不一定是使货币的面值增加。传统货币的伪造变造是对货币物理形态的改变,且两者区分在理论上一直有争议,而数字货币因为没有实体形态使其伪造变造发生变化。数字货币的伪造区别于传统的按照真币图案、颜色、形状,制作假币、冒充真币的伪造行为,不再是通过纸质仿真,而可能通过黑客技术进行伪造；而数字货币的变造，以传统变造标准判定，技术上颇有难度，而且可行性不大。那么，此时或许可以不对伪造变造作明确区分，将变造行为融入伪造中，以伪造数字货币的罪名打击假币出现。①

4. 完善行政监管

（1）完善行政立法

我国目前的数字货币监管多以政策性文件为依据，还没有形成系统化的监管规范。对于数字货币的监管而言，确定性是数字货币相关制度建设的基础和前提。虽然政策性文件具有灵活性的优点，能够及时应对数字货币市场瞬息万变的形势，但政策性文件作为监管依据，合法性难以圆说，基于这种没有说服性的文件做出的监管也不会使相对人信服。而且政策在跟着形势不断变化，后期的政策有可能会否定前期的政策的观点，导致监管处于一种不确定的状态。因此，我国数字货币规制体系的建立需要推动数字货币立法的进程，建立一套完整的规范。可以通过对传统货币金融监管规范的解释，将数字货币纳入监管范围。

（2）强化行政审核

数字货币领域的乱象很多源于数字货币的行政审核不严，市场准入门槛过低。我国经济体量庞大，且投资者构成复杂，市场准入门槛过低可能导致一些企业利用数字货币之名投机获利。在此情况下，有必要对严格市场准入许可，筛选出符合条件的主体。对于市场准入许可的标准可以通过向监管部门缴纳保证金

---

① 参见高铭暄、王红：《数字货币时代我国货币犯罪的前瞻性刑法思考》，载《刑法论丛》2019年第2期。

等形式作出担保,同时对申请人的净资产和准备金储备设置最低限度,从而选择具有偿付能力,经营潜力更高的主体参与数字货币市场。

(3)转变监管思维

政府要发挥宏观经济调控的职能,及时规范市场主体的生产经营行为。但在没有任何法律依据的情况下,并不适宜颁布行政规范性文件,进行直接干预。无法律依据所发布的行政规范性文件,对市场主体不具有法律约束力。数字货币领域治理中对规范性文件过度依赖,这种做法只能起到临时的效果,没有稳定性并且呈现出部门化和分散性的特点。而且规范性文件的制定流程缺乏公众参与,很可能会出现个人倾向,这种个人理念与经济发展趋势和法治理念不一定相符合,就给市场主体对法治的稳定预期带来了不利影响。运动式执法不仅增加了企业经营成本负担,还造成了金融市场的波动。在此背景下,数字货币领域亟须以长期技术发展的眼光,使顶层设计与公众参与相结合。这就要求监管者尽快明确数字货币的法律属性,以化解其不确定性带来的诸多争议纠纷,在防范安全风险的同时,包容技术的变革,通过监管技术和监管方法的升级,使数字货币与金融科技领域的发展相适应。

参考文献

[1]李晶:《法定数字货币发行权研究》,中国政法大学出版社2022年版。

[2][德]伯纳德·克鲁格:《世界钱币2000年》,杜涵译,中国友谊出版公司2021年版。

[3]龙白涛:《数字货币:从石板经济到数字经济的传承与创新》,东方出版社2020年版。

[4]谢平、石午光:《数字货币新论》,中国人民大学出版社2019年版。

[5]钟伟、魏伟、陈骁:《数字货币:金融科技与货币重构》,中信出版社2018年版。

[6]石俊志:《中国货币法制史话》,中国金融出版社2014年版。

[7][美]威廉·N.戈兹曼:《价值起源》,王宇、王文玉译,万卷出版公司2010年版。

[8]吴烨:《论数字货币的法律性质——一个

类型化分析视角》,载《科技与法律(中英文)》2023年第13期。

[9]吕睿智:《数字货币的交易功能及法律属性》,载《法律科学(西北政法大学学报)》2022年第5期。

[10]程雪军、李心荷:《论加密数字货币的法律风险与治理路径:从比特币视角切入》,载《电子政务》2022年第11期。

[11]陈熹:《法定数字货币中的个人信息保护》,载《东南学术》2022年第5期。

[12]宋爽、熊爱宗:《数字货币全球治理的进展、挑战与建议》,载《国际经贸探索》2022年第9期。

[13]李帅、屈茂辉:《数字货币国际监管的法律秩序构建》,载《法学评论》2022年第4期。

[14]刘谆谆、贲圣林:《数字货币理论与实践研究》,载《西南金融》2022年第3期。

[15]桑朝阳:《数字货币的内涵界定和本质分析——基于马克思的货币理论》,载《征信》2022年第5期。

[16]李晶:《论法定数字货币的法律性质及其监管》,载《上海政法学院学报(法治论丛)》2022年第2期。

[17]古广东、李慧:《央行数字人民币在"一带一路"区域化过程中的博弈分析》,载《南京审计大学学报》2022年第6期。

[18]周有容:《国际央行数字货币研发进展综述》,载《西南金融》2022年第2期。

[19]刘超、李国成:《数字金融发展会影响居民家庭货币需求吗?》,载《经济评论》2022年第1期。

[20]张力:《"元宇宙"语境中的数字财产关系探正》,载《学

术界》2022 年第 12 期。

[21] 王敬礼、李建华:《数据权视域下虚拟货币法律属性及其规制》,载《中国社会科学院大学学报》2022 年第 2 期。

[22] 韩妍妍、徐鹏格、李兆斌等:《基于双方 ECDSA 的强匿名性比特币密钥管理方案》,载《计算机应用与软件》2021 年第 10 期。

[23] 刘峰、杨杰、齐佳音:《基于哈希证明系统的区块链两方椭圆曲线数字签名算法研究》,载《信息网络安全》2021 年第 1 期。

[24] 张莉莉、徐冰雪:《法定数字货币应用的法律风险及制度完善》,载《行政与法》2021 年第 3 期。

[25] 杨延超:《论数字货币的法律属性》,载《中国社会科学》2020 年第 1 期。

[26] 赵莹:《数字货币激励性法律规制的逻辑与路径》,载《法商研究》2021 年第 5 期。

[27] 胡继晔:《虚拟数字货币监管与立法前瞻》,载《人民论坛》2021 年第 29 期。

[28] 李燕、常烨:《虚拟货币的法律属性争议与思考》,载《内蒙古社会科学》2021 年第 6 期。

[29] 欧阳本祺、童云峰:《区块链时代数字货币法律治理的逻辑与限度》,载《学术论坛》2021 年第 1 期。

[30] 齐爱民、张哲:《论数字货币的概念与法律性质》,载《法律科学(西北政法大学学报)》2021 年第 2 期。

[31] 夏诗园:《央行数字货币的理论内涵、影响及治理路径》,

载《新金融》2021年第8期。

[32]陆青:《数字时代的身份构建及其法律保障:以个人信息保护为中心的思考》,载《法学研究》2021年第5期。

[33]孟于群:《法定数字货币跨境支付的法律问题与规则构建》,载《政法论丛》2021年第4期。

[34]景欣:《法定数字货币的支付场景前瞻及对策建议》,载《经济体制改革》2021年第2期。

[35]袁曾:《数字人民币创新的合规监管研究》,载《江淮论坛》2021年第6期。

[36]高奇琦、周荣超:《从私权到公权:用公权力来规范私权区块链的发展》,载《学习与探索》2021年第6期。

[37]于程远:《论民法典中区块链虚拟代币交易的性质》,载《东方法学》2021年第4期。

[38]陈华、申时、陈子凡:《国家安全战略下法定数字货币安全问题研究》,载《财经科学》2021年第8期。

[39]许多奇:《从监管走向治理——数字货币规制的全球格局与实践共识》,载《法律科学(西北政法大学学报)》2021年第2期。

[40]代闯闯、栾海晶、杨雪莹等:《区块链技术研究综述》,载《计算机科学》2021年S2期。

[41]齐志远:《央行数字货币DCEP的本质论析——基于马克思的货币职能理论》,载《当代经济管理》2021年第1期。

[42]王沛然:《论数字货币的法律定性——经济本质标准的构建与类型化应用》,载《北京科技大学学报(社会科学版)》2020

年第 6 期。

［43］李晶:《"监管沙盒"视角下数字货币规制研究》,载《电子政务》2020 年第 11 期。

［44］李晶:《运用"监管沙盒"促进区块链权力与权利的平衡——以数字货币为研究的逻辑起点》,载《上海政法学院学报(法治论丛)》2020 年第 1 期。

［45］肖远企:《货币的本质与未来》,载《金融监管研究》2020 年第 1 期。

［46］巴曙松、张岱晁、朱元倩:《全球数字货币的发展现状和趋势》,载《金融发展研究》2020 年第 11 期。

［47］华秀萍、夏舟波、周杰:《如何破解对数字虚拟货币监管的难题》,载《金融监管研究》2019 年第 11 期。

［48］柯达:《数字货币监管路径的反思与重构——从"货币的法律"到"作为法律的货币"》,载《商业研究》2019 年第 7 期。

［49］柯达:《论补充性货币的法律规制——兼论数字货币的补充性监管》,载《中南大学学报(社会科学版)》2019 年第 5 期。

［50］柯达:《论我国法定数字货币的法律属性》,载《科技与法律》2019 年第 4 期。

［51］刘新华、郝杰:《货币的债务内涵与国家属性——兼论私人数字货币的本质》,载《经济社会体制比较》2019 年第 3 期。

［52］杨东:《监管科技:金融科技的监管挑战与维度建构》,载《中国社会科学》2018 年第 5 期。

［53］周陈曦、曹军新:《数字货币的历史逻辑与国家货币发行权的掌控——基于央行货币发行职能的视角》,载《经济社会体制

比较》2017年第1期。

[54]李赫、孙继飞、杨泳等:《基于区块链2.0的以太坊初探》,载《中国金融电脑》2017年第6期。

[55]周平等:《针对RSA算法的踪迹驱动数据Cache计时攻击研究》,载《计算机学报》2014年第5期。

[56] Chen Zhu & Zixuan Fu, *Regulatory Issues of Digital Currencies*, Asian Research Journal of Mathematics, Vol. 4, 2020.

[57] Wei Jun, *Research on Nature and Development Trend of Legal Digital Currency*, Frontier of Higher Education, Vol. 9, 2020.